Manuela Oetinger
Beziehungen im Spiegel der Aura

Manuela Oetinger

Beziehungen im Spiegel der Aura

Wie Energiefelder
das zwischenmenschliche
Zusammenleben beeinflussen

Aquamarin Verlag

Deutsche Originalausgabe
2. Auflage 2008

Voglherd 1 • 85567 Grafing

Umschlaggestaltung: Annette Wagner
Druck: Ebner & Spiegel Ulm

ISBN 978-3-89427-282-1

INHALT

I.
LIEBE – DAS EWIGE MYSTERIUM

Liebe – ein Wort, welches mit all seinen Assoziationen so eindeutig und kraftvoll und gleichzeitig so vieldeutig und nicht greifbar erscheint, weil es in seinem so überaus mannigfaltigen Bedeutungsfeld das menschliche Verständnis übersteigt. *Liebe* – die Basis und Grundstruktur allen Seins und gleichzeitig die größte Aufgabe und Herausforderung für das menschliche Leben.

Die Liebe soll nachstehend in die *göttliche Liebe,* welche die gesamte Schöpfung zurück ins „Licht“ führt, und in die *menschliche Liebe,* die alle Beziehungen und das tägliche Zusammenleben prägt, unterschieden werden.

Eine der Grundintentionen dieses Buches ist es, sich um ein tieferes Verständnis von Liebe in ihrer göttlichen *und* weltlichen Qualität zu bemühen und das Bewusstsein für die energetischen Hintergründe in den Beziehungen der Menschen zu wecken. Die nachfolgenden Ausführungen versuchen, Ratschlag und Wegbegleitung zu sein, um Beziehungen in einem anderen Licht wahrzunehmen, um energetische Hintergründe zu erkennen, um karmische und aktuelle Einflüsse zu durchlichten sowie die persönliche Entwicklung zu fördern.

Der Planet Erde durchläuft einen großen Prozess der Wandlung. Die gesamte Schöpfung hat die Möglichkeit, eine höhere Stufe der Entwicklung zu erreichen, da alle Ebenen des Seins von einem neuen göttlichen Impuls durchdrungen werden. Die Auswirkungen dieser Veränderungen lassen sich anhand zahlreicher Vorgänge auf dem gesamten Planeten wahrnehmen. Doch nicht nur die äußeren Entwicklungen verlaufen dramatisch, auch im Menschen selbst finden einschneidende Veränderungen und Umbrüche statt. Durch diese Transformationen in den Glaubenssystemen und Lebensentwürfen sowie in den Gesellschaftsstrukturen wird der Mensch unmittelbar berührt, und auch seine persönlichen Unvollkommenheiten können durch die verschiedenen Herausforderungen unübersehbar ans Licht gebracht werden. Diese tiefgreifenden Veränderungen offenbaren sich auch in den Beziehungen der Menschen untereinander in dramatischer Eindeutigkeit.

Jene Arten des Zusammenlebens, wie sie in früheren Zeiten gebräuchlich waren, sind heute längst überholt. Das Beziehungsleben durchläuft große Veränderungen. Alte, verkrustete Muster, an denen sich viele Menschen so lange festgehalten haben, brechen auf – und es entsteht ein neues Bewusstsein. In solchen Veränderungsphasen ordnet sich das Leben völlig neu. Deshalb funktionieren so viele Beziehungen in der heutigen Zeit nicht mehr, wenn sie noch auf alten Mustern aufbauen. Das Aufbrechen alter Strukturen ermöglicht eine neue Art des Miteinanders, die von Freiheit und geistigem Fortschritt geprägt ist. Auch wenn man sich selbst inmitten einer solchen Veränderung befindet, ist es ratsam, diese immer als Lern- und Erkenntnisweg zu betrachten. Die Geistige Welt segnet jeden einzelnen Menschen mit Liebe und Harmonie, benötigt er jedoch für bestimmte Bereiche seines Selbst noch gewisse Erkenntnisse, so werden ihm diese ermöglicht. Das geistige Wohl eines Wesens ist wichtiger als weltliche Genüsse oder ein anscheinend harmonisches Leben.

In früheren Zeiten waren die Voraussetzungen für eine Beziehung meist ganz anderer Natur. Sie dienten dem Ansehen, der Versorgung oder wirtschaftlichem Nutzen und entsprangen in vielen Fällen persönlichen Bedürfnissen, die man von einem Partner erfüllt bekommen wollte. Diese Motive zeigen sich häufig auch noch in der Gegenwart, doch stehen dem Menschen von heute ganz andere Möglichkeiten des geistigen Fortschritts und der inneren Entwicklung offen. Auch wenn es manchmal den Anschein hat, als wenn das Chaos in manchen Situationen die Oberhand zu gewinnen scheint, wacht dennoch eine höhere Liebe und Kraft über allem Geschehen und leitet und inspiriert den Menschen, wenn er dies wünscht und zulassen kann.

Standen in früheren Zeiten kollektive Erkenntnisse und Entwicklungsschritte im Vordergrund, so erwacht in dieser Zeit das individuelle Bewusstsein. So organisierten sich die Menschen in Gilden oder Ständen, denen sie oftmals Treue schworen und deren Idealen und Vorgaben sie zu entsprechen trachteten. Sie trugen häufig auch eine gemeinsame Tracht und konnten sich am Kraftfeld dieses Kollektives orientieren und stärken. Die gemeinsame Energie solcher Gruppierungen bot dem Einzelnen in früheren Zeiten den nötigen Rahmen und Halt, um seine eigene Entwicklung zu fördern.

Heute setzt der Mensch seine innere Kraft und seine Inspiration ein, um sich individuell zu entfalten. Es ist notwendig, dass der Mensch der Gegenwart seinen eigenen Zugang in die höheren Ebenen findet und seiner eigenen Intuition folgt. Die Entwicklung des Menschen hat eine Stufe erreicht, auf der es dem Einzelnen möglich ist, sich abzulösen von solchen alten Bindungen, um so seine persönliche Entfaltung zu fördern. Die Kraft der Gruppe wird nicht mehr länger benötigt, da das Individuum sein eigenes Potenzial nutzen kann. Dies hängt auch damit zusammen, dass der Mensch immer mehr erkennt, dass er den Halt und die Nähe zu seinem wahren Ursprung in sich selbst finden kann und nicht länger eine äußere Führung dafür benötigt. Hier liegt eine wichtige Ursache für zahlreiche Beziehungskonflikte, da der Mensch lernen sollte, sich nicht auf die Welt und andere Menschen zu stützen, sondern auf die göttliche Kraft, die in ihm fließt. So werden dem Menschen manchmal Beziehungen verwehrt, bis er erkennen kann, dass er sein Seelenheil nicht auf einen anderen Menschen übertragen, sondern in seinem eigenen geistigen Streben finden soll. Das Göttliche existiert in Vollkommenheit bereits in ihm, und er kann dieses Ziel nie in der Projektion in die Außenwelt finden.

Das Beispiel eines Mannes zeigt auf, wie intensiv die Suche im Äußeren das eigene Vorwärtsstreben behindern kann.

Dieser Mann besaß im jetzigen Leben eine Mutter, die sich nie wirklich um ihn gekümmert hatte. Als Säugling wurde er zeitweise in Heime gesteckt, dann kam er zu einer Tante und irgendwann durfte er doch bei seinen Eltern wohnen. Er sehnte sich immer nach der Liebe seiner Mutter, konnte sie jedoch nicht erhalten. Sie war mit vielen Dingen beschäftigt, nur nicht mit ihm. Zuerst versuchte er ihre Aufmerksamkeit mit übergroßer Unterwürfigkeit zu erhalten, versuchte lieb zu sein und ihr zu gefallen. Die Mutter flüchtete sich aber bald in Krankheitsbilder und gab ihrer Umwelt die Schuld für all ihre Sorgen, und der Sohn nahm zeitweise diese Schuldübertragung auf sich. Sie versuchte, ihn stets so klein zu halten, wie es ihr förderlich schien, um ihn zu manipulieren.

Als Erwachsener bemerkte er sehr wohl, dass er im Grunde mit seiner Mutter nicht zurecht kam. Durch viele Erkenntnisse wurde ihm bewusst, dass er immer der Mutterliebe hinterherrannte und sie nie erhalten hatte. Er fühlte einen großen Zorn auf alles Weibliche in sich und schwor sich unbewusst, dass er niemals mehr einer Frau solche Macht über sich einräumen wollte, um nie wieder so herumgestoßen werden zu können.

Er konnte in der Folge keine Beziehung mit einer Frau aufbauen, da er sich ihr nie öffnete, sondern sich immer zurückzog. Durch das Bedürfnis nach Zuwendung und die Angst vor Zurückweisung gab er oft seine eigenen Vorstellungen auf und handelte auf eine Weise, von der er glaubte, die Frau würde sie mögen. Dieses Verhalten brachte ihn immer mehr von seinem eigenen Weg ab. Er fühlte dies, und innerlich baute sich eine Ablehnung gegenüber seiner Partnerin auf, da sie scheinbar die Schuldige war, neben der er sich nicht entfalten konnte. Dabei ging es nur um die Prozesse, die in dem Mann selber stattfanden. Hätte er sich innerlich davon frei machen können, wäre er niemals in Abhängigkeit von einer Frau geraten und hätte auch seinen Weg nicht aus den Augen verloren. Jenes „Programm der Abhängigkeit" hatte dieser Mann bereits in einem früheren Leben erfahren, und er erlebte diese Situation jetzt noch einmal neu, um sie bewältigen zu können.

In diesem Zusammenhang ist es wichtig, sich bewusst zu machen, was für ein großer Vorzug es ist, wenn ein junger Mensch von seinen Eltern oder anderen liebevollen Menschen die notwendige Fürsorge erhält. Der Ausgleich von männlichen und weiblichen Aspekten ist vorteilhaft und stabilisiert den Menschen. Bis zum 21. Lebensjahr, zumeist schon früher, sind alle Seelenteile in einen menschlichen Körper eingekehrt, und bis zu diesem Zeitpunkt ist es hilfreich, wenn ein junger Mensch seelisch genährt und unterstützt werden kann. Ist dies nicht der Fall, stellt sich sehr schnell ein energetischer Mangel ein. Das Bedürfnis nach Liebe wird dann auf die Welt übertragen und führt zu der Annahme, dass dieses Bedürfnis auch nur in der Welt gestillt werden kann. Doch dies ist ein großer Irrtum. Die vollkommene Liebe, wie sie jeder Mensch in seinem Inneren sucht, wird ihm aus der geistigen Welt geschenkt. Die Liebe zwischen Menschen kann das Tor nach innen öffnen, doch die *Liebe an sich* erhält er als geistige Gabe. Sie ist ein Attribut seines göttlichen Wesenskernes.

Erkennt nun dieser Mann, dass er nicht von der Zuwendung einer Frau abhängig ist, sondern bereits alles, was er zum Glücklichsein benötigt, vollkommen in sich trägt, kann er aufhören, in der Außenwelt zu suchen. Sein Zorn sollte sich legen und die Freude über Liebe und Unabhängigkeit sein Dasein bestimmen. Jeder Mensch sollte mit den eigenen Bedürfnissen umgehen wie mit Kindern. Es kommt darauf an, sie zu verstehen, doch gleichzeitig sollte eine geistige Führung erfolgen. In den Momenten, in denen Bedürfnisse sich zeigen und Gefühle offenbart werden, kann mit den inneren Teilen kommuniziert werden. Diese können lernen, dass zwar der Mensch selbst ihnen die Zuwendung gibt, aber in Wahrheit das Göttliche mit seiner ewigen Liebe alle Kraft und Weisheit vermittelt. Der Mensch kann sich immer wieder sagen: „Gott ist in mir – vollkommen und mit unendlicher Liebe. Unabhängig von äußeren Geschehnissen werde ich eins mit ihm. Er wird mich immer führen, und von ihm erhalte ich meine Aufgaben und Lernziele." Alles, was dem Einzelnen begegnet, dient der Erkenntnis und der Auflösung uralter Muster.

Ein wichtiger Prozess hinsichtlich der Auflösung alter Forderungen, die scheinbar aus Liebe von der Außenwelt erhoben werden, betrifft einst selbst ausgesandte Teilbereiche, die wieder zurückgeholt werden müssen. In der Forderung nach Liebe strahlt der Mensch eine gewisse Energie aus seiner Aura aus, bestehend aus Gedanken und Emotionen, die sich in jenen Menschen *einbinden* wollen, von dem die Liebe gefordert wird. Ihre Aufgabe besteht darin, den Menschen dahin zu bringen, dass er die geforderte Liebe dem Aussender zugänglich macht. Es zeigen sich viele solcher Energiegebilde, die sich im Aura-Feld anderer Menschen befinden.

Um seine Forderungen aufrechtzuerhalten, muss ein Mensch sehr viel Energie einsetzen. Damit erschafft er eine energetische Öffnung, über die immer wieder viele fremde Einflüsse Einlass finden können. Dies schädigt und entkräftigt den Menschen, und seine geistige Führung wird alles unternehmen, um diesen Schaden einzugrenzen. Immer wieder wird er in seinem Leben auf den Umstand der Abhängigkeit hingewiesen. Dies ist oft ein sehr schmerzlicher Prozess, doch bleibt kein anderer Ausweg. Eine Abhängigkeit wird stets im Menschen selbst erzeugt. Niemals kann ein Mensch einen anderen wirklich binden, es sind nur die Vorstellungen, denen diese Macht eingeräumt wird. Sendet eine Person aufgrund von Enttäuschung Zorn oder Wut aus, so wird diese mit siebenfacher Verstärkung wieder in die Aura des Menschen zurückströmen. Deshalb ist es besonders wichtig, Forderungen nach Liebe oder bestimmten Beziehungen, die man sich gerade erträumt, aufzugeben und stattdessen das Leben so zu nehmen, wie es sich zeigt. Das Göttliche wird alles tun, um einem strebenden Menschen behilflich zu sein.

Es ist hilfreich, sich grundsätzlich bewusst zu machen, dass nur die Seelenpartikel im Menschen Leid empfinden, die sich gebunden fühlen. Nur jene Bereiche fühlen sich unzufrieden, die in Vorstellungen und Forderungen verhaftet sind sowie jene eigenwilligen Teilbereiche, die, wenn sie ihre Sehnsucht nicht gestillt bekommen, in Zorn, Unzufriedenheit oder gar Angst verfallen. Die wahre Liebe im Menschen, die demütig eine Situation annimmt, so wie sie ist, verspürt keinen Schmerz. Daher ist immer davon auszugehen, dass es um Erkenntnisprozesse geht, wenn derartige Gefühle im Menschen auftauchen.

Das Erleben innerhalb von Beziehungen macht dem Menschen genau diese inneren Vorgänge deutlich. Er wird immer mit den Menschen konfrontiert, mit denen es etwas auszugleichen gilt. Die Situationen, die eintreten, unterstützen den Menschen in seiner Bewusstseinsentwicklung, und er stellt sich genau auf den Partner ein, mit dem man die bestmögliche Lernsituation erleben kann. Keine Flucht hilft hier wirklich weiter, sondern das Betrachten und Annehmen der eigenen Gefühle, die ein wertvoller Hinweis für das sind, was im Moment zu bearbeiten ist. Wichtig ist es, sorgfältig hinzuhören, aufmerksam zu schauen und offen zu sprechen. Ehrlichkeit, Wachheit und Klarheit bieten die besten

Voraussetzungen zur Karma-Auflösung und zur Bewältigung der Lernaufgaben des Lebens.

Das Gebet vermag hier große Hilfe zu leisten. Man bittet um Führung und Bewusstwerdung für alle wirkenden Impulse und übergibt die Sehnsucht nach Einheit den höheren Kräften. Wird die Sehnsucht und der Wunsch nach Liebe, die mit bestimmten Forderungen an Menschen einhergehen, durchlichtet, kann eine tiefgreifende Heilung erfolgen. Die Einstimmung auf die Christus-Kraft vermag dann eine sehr viel innigere Einung zu bewirken. Die wirkliche Liebe wird dann eher in der Bewusstwerdung des Kontaktes mit der eigenen Göttlichkeit empfunden und nicht mehr in der Begegnung mit einem anderen Menschen. Dadurch können ausgesandte Energien, die von Begierde und Verlangen geprägt waren, aufgelöst oder transformiert werden.

Dies ist kein leichter Weg, da der Mensch viele Jahrtausende lang meist nur versucht hat, seine Bedürfnisse in der äußeren Welt zu stillen. Die perfekte Frau sollte Erfüllung und Befriedigung, der perfekte Mann Versorgung, gesellschaftlichen Status und Familie garantieren. Je nach den Vorstellungsbildern, die in den verschiedenen Kulturen gesellschaftlich bedeutsam waren. In der geistigen Welt hat die weltliche Vorstellung von einem perfekten Partner, von Macht, gesellschaftlicher Position oder Haus und Hof keine Bedeutung. Diese war vielleicht einst erforderlich, damit die Entwicklung eine bestimmte Richtung auf diesem Planeten genommen hat, jedoch war sie auch eine perfekte Täuschung und Ablenkung seitens jener Kräfte, die den Menschen an die Erdensphäre binden wollen. Der Mensch wird durch diese Einflussnahme nicht selten von seinem eigentlichen Ziel abgelenkt. Er erfüllt die Bedürfnisse von fremden Strukturen, nicht jedoch die seiner eigenen Seele. Das geplante Leben kann durchaus identisch sein mit den Bildern und Lebensentwürfen dieser Welt, jedoch sollte der Mensch nicht Sklave jener Vorstellungen sein.

Alte Weltbilder beginnen sich vollständig zu wandeln. Eine liebevolle Familie wird sicherlich auch weiterhin ein stabilisierender Faktor menschlicher Lebensentwicklung sein, und eine erfüllende Beziehung kann innere Bereicherung und Fürsorge vereinen, jedoch aus einem freieren Bewusstsein heraus, immer in der Bereitschaft, nur der Wahrheit im Inneren Folge zu leisten.

Viele Menschen spüren, dass ein wichtiger innerer Schritt in der evolutionären Entwicklung vollbracht worden ist, der es dem Einzelnen ermöglicht, nunmehr einen geistigen Weg einzuschlagen. Die einstigen Abhängigkeiten einer Gottsuche im Äußeren, oft geprägt von weltlichen Machtstrukturen, verändern sich zugunsten einer individuelleren Ausrichtung und einer wahrhaft freien Suche nach Wahrheit und Liebe.

Dies bewirkt, dass noch bestehende alte Verbindungen aufgelöst werden müssen und kollektive Gruppenenergien umgewandelt werden können. Es kann sich dabei um Pflichten und Vorgaben von Glaubensgemeinschaften, besiegelt mit alten Schwüren, um Geheimbünde aus dem Mittelalter oder auch um Verhaltensmuster oder Traditionen handeln, die dem Menschen noch immer als unverrückbare Wahrheit vorgehalten werden, die er zu erfüllen und auszuleben hat. Oft werden die vorhandenen Kräfte solcher Energiefelder unterschätzt, die ununterbrochen versuchen, den Menschen wieder in die alten Rollen- und Verhaltensmuster hineinzupressen, um somit von ihm gespeist und genährt zu werden.

Es ist sehr wichtig, sich bewusst zu machen, dass bei dem Streben nach geistigem Fortschritt die eigenen Teilbereiche der Seele, die an irgendwelchen Bindungen aus alten Zeiten festhängen, sich zu Anfang des Wandlungsprozesses noch intensiv gegen die Aufarbeitung stemmen können. Sie sind meist von gleichartigen, fremden Energien unterwandert, die sie anspornen, sich gegen diese Veränderung zur Wehr zu setzen. Dann wird der Mensch plötzlich ärgerlich auf spirituelles Wachstum, und selbst eine Ablehnung der Liebe kann mitunter gefühlt werden. Doch dies ist ein ganz *normaler* Vorgang auf dem geistigen Pfad. Er ist für diese Teile ganz natürlich, und es empfiehlt sich, Verständnis dafür aufzubringen. Wichtig ist die Erkenntnis, warum es so ist und dass man nicht glaubt, der ganze Mensch würde plötzlich so empfinden.

Es ist ein oft wahrnehmbarer und wichtiger Sachverhalt, dass solche Teilbereiche sowie fremde Anhaftungen ihre Gefühle offen in der menschlichen Aura zum Ausdruck bringen können. Sie verbergen sich nicht, sondern dürfen sich kurzzeitig ausleben und ihren Inhalt aufzeigen. Es liegt am Menschen selbst, sich damit zu identifizieren oder zu erkennen, dass es sich nur um in der Wandlung befindliche Teile mit solchen Gefühlen und Ablehnungen handelt. Mit viel Liebe können auch diese Felder angenommen und umgewandelt werden. Solche Prozesse benötigen mitunter sehr viel Zeit, und man sollte nicht vorschnell die Hoffnung aufgeben, wenn man nicht gleich eine Veränderung oder eine innere Harmonie in sich verspürt.

Viele Menschen haben innerlich den Individualisierungsschritt schon teilweise vollzogen, hängen jedoch mit Teil-Strukturen ihrer Persönlichkeit noch an alten gesellschaftlichen Bindungen und Vorstellungen fest, ganz unabhängig von den übrigen persönlichen Entwicklungen und Reifeprozessen, die bereits bewältigt wurden.

Der Mensch besteht aus sehr vielen verschiedenen Seelenaspekten, also Teilbereichen seines Selbst. Diese können mit ganz unterschiedlichen Informationen und Prägungen aus früheren Leben versehen sein. So kann etwa der Mensch in seiner Gesamtheit klar erkannt haben, dass er sich neben all seiner Arbeit auch körperliche Ruhe gönnen sollte. Sollte er jedoch noch einen Teil in sich tragen, der das Programm verwirklichen möchte, der Mensch gelte nur dann etwas, wenn er unentwegt und pausenlos arbeitete, was die Mitmenschen auch unbedingt sehen und bemerken sollten, dann wird er nicht wirklich Ruhe und Frieden finden, bis auch der letzte Teilbereich seines Wesens diesen Umstand klar erkannt und transformiert hat. Das rastlose Kraftfeld wird ihn, sobald er sich um Ruhe und Erholung bemüht, innerlich quälen und so lange beunruhigen, bis er wieder zu arbeiten beginnt.

Diese Teilbereiche folgen meist uralten Programmen, die, wie in diesem Fall, die Botschaft tragen, dass man eventuell Arbeit und Ansehen verliert, wenn man sich erholt und somit nichts für sein Geld leistet. Es ist eine gut durchdachte Strategie einiger weltlicher Führer, den Menschen nicht zu sich selbst finden zu lassen, um ihn besser führen und manipulieren zu können. Man darf dabei jedoch nicht vergessen, dass die meisten Menschen in früheren Zeiten einer gewissen Führung bedurften, da Eigenverantwortung und Entscheidungskraft in ihrem Bewusstsein noch nicht ausgereift waren.

Meist wird das Problem dann in besonderem Maße aktiviert, kurz bevor solche Teilbereiche im Leben eines Menschen zur Erkenntnis und somit zur Freiheit gelangen, und der Mensch fühlt sich in diesen Momenten innerlich besonders zerrissen und gequält. „Zwei Seelen schlagen, ach, in meiner Brust!“, schrieb Johann Wolfgang von Goethe und charakterisierte damit einen solchen Zustand innerer Zerrissenheit. Zum einen wirkt bereits die Erkenntnis von Freiheit und Eigenverantwortlichkeit, zum anderen verharren noch alte Strukturen.

Die Seele, die sich in der Kausalwelt befindet, wählt deshalb vor jedem Leben für ihre Persönlichkeit die passenden Lebenssituationen aus, welche die verschiedenen Wesensaspekte benötigen, um die bestmöglichen Reifeprozesse vollziehen zu können. Die Seele inkarniert entsprechend diesen Anforderungen und Entwicklungsplänen in einen weiblichen oder eine männlichen

Körper. Bei einer weiblichen Persönlichkeit sind dabei etwa siebzig Prozent weiblich und dreißig Prozent männlich geprägte Anteile enthalten. Bei einer männlichen Inkarnation ergeben sich entsprechend siebzig Prozent männliche und dreißig Prozent weibliche Anteile. Diese Aufteilung bezieht sich auf die Körperlichkeit, und dementsprechend reagiert ein Mensch auf die weltlichen Energien von männlichen und weiblichen Qualitäten, solange er noch nicht völlig gefestigt ist.

Sind gewisse männliche und weibliche Prägungen und Bindungen noch sehr stark, bleibt der Seele nichts anderes übrig, als zumeist mit Schmerz und Prüfungen den Menschen in seinem Leben auf diese Umstände aufmerksam zu machen. Leider ist es in den meisten Fällen der Schmerz, der den Menschen zum Erwachen bringt und eine Veränderung herbeiführt. Je unfreier eine Bindung, umso stärker muss das Schmerzpotenzial wirken, damit die Verkrustung aufgebrochen werden kann. Nicht selten sind sehr eigenwillige Strukturen des Menschen damit verbunden, die stark daran interessiert sind, ihre Vorstellungen zu erhalten, da sie nicht erkennen, in welchem Ausmaß sie selbst gebunden und die Marionetten von fremden Eingebungen sind. Der Mensch fühlt sich in solchen Erkenntnissituationen wie „zerbrochen“, wenn die schmerzhaften Emotionen ihn übermannen. Jedoch sind dies ausschließlich jene gebundenen Bereiche, die deshalb schmerzen, weil die Bindung zerbricht, das Programm nicht mehr abgespielt werden kann und das selbst errichtete Lebensmodell zerbricht. Schmerz verweist immer auf Eigenwillen. „Wo Liebe ist, kann Leid nicht sein“, sagte Krishnamurti.

Die wahre Liebe kennt keinen Schmerz. Der Seele liegt sehr viel daran, dass diese alten Muster aufgebrochen werden, damit die Teilbereiche des Menschen zur Erkenntnis gelangen können. Dies geschieht vor allem durch Erkenntnisprozesse innerhalb von Beziehungen. Das Gegenüber, die Umwelt oder der Partner zeigen auf, wo noch Unfreiheit und Bindung bestehen. Der Seele ist es wichtiger, dass die Persönlichkeit reift und sich von bindenden Weltmustern befreit, als sich nur um ihr Wohlergehen zu kümmern und alle ihre Bedürfnisse in diesem Leben zu befriedigen. Die Schulungsstätte Erde ist kein Urlaubsplanet. Die eigene Seele, die geistigen Helfer, die Engelwesen und die Gottheit selbst wünschen sich die vollkommene Liebe für alles Leben. Das Ziel für alles Leben ist wahres Glück, es kann jedoch nur erreicht werden, wenn auf der Erkenntnisebene noch vorhandene Disharmonien, lieblose Charakterzüge und Bindungen erkannt und aufgelöst werden.

Sobald der Mensch einsieht, dass er zumeist nur dann unglücklich ist, wenn die Vorstellungen und Muster der Welt nicht befriedigt werden oder eigenwillige Bereiche ihre Programme nicht verwirklichen können, lassen sich Spannungen leicht auflösen. Er kann darauf vertrauen, dass die geistige Führung ihn deshalb mit der Situation konfrontiert, damit etwas erkannt oder gelöst werden kann – nicht um ihm zu schaden. Das Leben ist stets von unbeschreiblicher Gnade erfüllt, und der Mensch kann dankbar für diese Situationen im Leben sein, denn sie gewähren ihm notwendige Einblicke und ermöglichen ihm die Lösung alter Bindungen. Wichtig ist die Bereitschaft, diese Gaben auch anzunehmen. Manche Ereignisse sind so hart und schmerzlich, dass man sich nur schwer vorstellen kann, sie würden dem Menschen dienen. Es kann jedoch keinen Zweifel geben, dass alles Geschehen einen tieferen Sinn aufweist. Es wird altes Karma abgetragen sowie eine neue geistige Struktur für die Erde aufgebaut. Die persönlichen Ereignisse sind Bestandteil des eigenen Weges, Resultate vergangener übler Taten oder Lieblosigkeiten und dienen dem Lernprozess und letztlich dem Weg zurück zu Gott. Der Mensch muss nur bereit sein, sich für die ewig fließende Gnade zu öffnen und umzukehren..

Innerhalb von Beziehungen können die wichtigsten Lebenserfahrungen gesammelt werden, wenn der Mensch aufmerksam ist und nicht immer nur nach außen blickt, sich rechtfertigen und verteidigen will. Sehr viel Zeit vergeuden Menschen damit, sich immer nur gut darzustellen. Sie möchten das Gefühl, nicht viel wert zu sein, damit aufbessern, dass sie Recht haben wollen und somit Bedeutung erlangen, da sie ja wissen, um was es im Leben geht. Nicht selten arten solche Verhaltensmuster in regelrechte Kämpfe aus. Es gibt stets einen Verlierer und einen Sieger, und man lauert darauf, dem anderen wieder seine Überlegenheit zu demonstrieren. Doch wenn man einem Menschen solche Energien aufzwingt, wird dieser immer wieder versuchen, sie aus seiner Aura zu befreien. So bleibt der kräftezehrende Kampf erhalten, und jene Energiewesen, die sich von Rechthaberei und Macht ernähren, sind hocherfreut über solche Ernährer. Doch der Mensch in seiner Art kommt auf diesem Wege nicht weiter. Gibt es einen Sieger, gibt es auch immer einen Verlierer. Es ist begreiflicherweise nicht der Sinn der Schöpfung, einen anderen Menschen herabzusetzen, um ihm durch diese Unterdrückung Energie abzuziehen und sich davon zu nähren, so wie es gewisse dunkle Wesenheiten mit den Menschen praktizieren. Jeder Mensch sollte den anderen im Idealfall inspirieren, ihm helfen und für ihn einstehen und ihn nicht unterdrücken und energetisch schwächen. Dies ist ein Machtstreben, das den Menschen letztlich zurückwirft und schwächt. Es ist das Gegenteil von gelebter Liebe. Der Mensch neigt mitunter dazu, seine eigene angestaute Zorn-Energie dadurch zu entladen, dass er sie auf einen anderen Menschen abwälzt, doch sollte ein solches Vorgehen auf geistiger Ebene sofort mit Liebe und der Bitte um Vergebung ausgeglichen werden.

Das Streben des Menschen, besser als andere zu sein, ist eine Schwäche, die gefallene Wesen auszunutzen trachten. Mancher glaubt, eine gute gesellschaftliche Position genüge, um stark und unangreifbar zu sein. Doch wahre Stärke wird durch ein erwachtes Bewusstsein und den Strom der Gotteskraft erreicht, die durch den Menschen fließt. Die Kraft Gottes strömt nur dort, wo der

Eigenwille seinen Egoismus aufgegeben hat. Will er ihn festhalten, entsteht sofort eine Blockade. Dieser Energieverlust wird dann wieder durch Härte und fehlendes Mitgefühl kompensiert, was jedoch nur vorübergehend funktioniert. Ein Mensch, der bereit ist, auch sogenannte Fehler anzusehen, einzugestehen und zu überwinden, kommt zweifelsfrei weiter auf seinem Weg. Die Egoisten werden zurückbleiben und sich weiter im Strudel und Chaos ihrer eigenen und der gefallenen Energien der Erdensphäre im Rad der Wiedergeburt drehen.

Das höhere Selbst des Menschen ist froh über jeden Entwicklungsschritt und versucht mit viel Liebe, die lernende Persönlichkeit anzuleiten und ihr auch in schwierigen Erfahrungen Halt und Führung zu sein. Dies ist innerhalb von schmerzhaften und leidvollen Situationen nur schwer fühlbar, da die intensiven Emotionen den Menschen zu überwältigen drohen, doch die Liebe aus höheren Welten ist immer vorhanden. Sehr oft wird erst nach solchen Phasen erkannt, wie wertvoll und befreiend dieser schmerzhafte Prozess für den Betreffenden war – und tiefe Dankbarkeit und Liebe erfüllen ihn. Auch wenn der Mensch am Anfang einer kritischen Situation noch starke Widerstände entwickelte, wird die Wandlung eingeleitet, sobald sich Annehmen und Erkennen einstellen.

Die wirkliche Verarbeitung von altem Karma hängt entscheidend mit Verzeihen zusammen. In der derzeitigen Entwicklungsphase des Planeten ist Verzeihen eines der wichtigsten Elemente in der geistigen Entwicklung. Nur wer die alten Überlieferungen und Prägungen der Welt loslassen kann, vermag auch zu verzeihen. Verzeihen ist eine geistige Kraft, die von unglaublicher Liebe gespeist wird. Wo sie fließt, werden Verwandlung und Frieden geboren. Wenn man erkennt, dass ein Partner oder Mitmensch einem nur aufzeigen soll, was man selber noch in sich trägt oder in früheren Leben ausgelöst hat, kann man die Verarbeitung unabhängig vom anderen einleiten. Da der Anteil eines Gegenübers an einer bestimmten Situation nur darin bestand, der eigenen Entwicklung zu dienen, kann man ihm auch Schmerzen und Demütigungen verzeihen. Hätte der Betreffende sie aus irgendwelchen Gründen nicht zur eigenen Wandlung oder Erkenntnis benötigt, wären sie nicht geschehen. Auch das Verzeihen selbst ist eine Kraft, die, unabhängig von altem Karma, jeder Mensch auf seinem Entwicklungsweg entwickeln muss. Wahrhaftes Verzeihen lässt einen starken Strom von Liebe fließen. Kein Mensch hat das Recht, einen anderen zu verurteilen. Das Verurteilen hängt weitgehend mit der Schwäche zusammen, nicht vergeben zu können. Kaum ein Mensch weiß wirklich, was er sich in früheren Leben alles hat zu Schulden kommen lassen, daher sollte er es möglichst vermeiden, Verurteilungen auszusprechen. Vielleicht hat ein Mensch Karma auf sich genommen, welches gar nicht mit ihm zusammen hängt, sondern das er für andere zur Verwandlung bringt. Vielleicht fällt es ihm gerade besonders schwer, dieses fremde Karma zu tragen, weshalb er unzufrieden und unausgeglichen ist. Jegliche Beurteilung sollte vermieden und das Leben als Lernaufgabe betrachtet werden. In der Annahme einer Situation, auch wenn dies nicht immer leicht fällt, kann sehr viel Befreiung und Bewusstwerdung liegen.

Die meisten Erkenntnisse im Leben eines Menschen werden in Situationen und durch Erfahrungen mit Mitmenschen erreicht – also durch Beziehungen. Sie sind die wichtigste Antriebskraft im Leben einer Persönlichkeit. In Beziehungen, in denen sich ein Mensch seinem Gegenüber völlig zu öffnen vermag, kann sich die Liebe in ihren verschiedenen Erscheinungsformen zeigen. Im Idealfall kann sie mit der Zeit in eine vollkommene Liebesbeziehung einmünden, die frei von jeglicher menschlicher Begrenzung oder Anhaftung gelebt wird. Fühlt sich ein Mensch geliebt, wagt er es, seine Seele zu öffnen und ist damit auch selbst in der Lage, seinen eigenen Liebesstrom fließen zu lassen. So nähert er sich einer höheren Wirklichkeit an und wird offen für den göttlichen Liebesstrom.

Beziehungen sind ein ideales Feld, um den Herausforderungen des Lebens zu begegnen. Verbindungen mit Menschen sind nicht nur harmonische Zweisamkeit, sondern bieten vorrangig die Möglichkeit, vorhandene Unvollkommenheiten aufgezeigt zu bekommen. Dies ist ein entscheidender Aspekt hinter der äußeren Seite von Beziehungen. Es wird „Bezug" genommen auf die eigenen Aufgaben, die das Gegenüber zu spiegeln vermag. Ist ein Mensch bereit, Beziehungen in seinem Leben auch in diesem Sinne zu betrachten, kann er optimalen Nutzen daraus ziehen. Es ist mitunter sehr unangenehm, wenn man von Bekannten, Kollegen oder nahestehenden Menschen auf die eigene Fehlbarkeit hingewiesen wird, doch wenn man bereit ist, diese Hinweise anzunehmen, kann man seine Selbst-Erkenntnis erweitern und das Leben noch einmal in einem anderen Licht sehen. Auch wenn es manchmal den Anschein haben mag, man könnte das Ansehen verlieren, wenn man einmal eine Schwäche oder einen Fehler eingesteht, so ist dies ein Trugschluss. Auf der feinstofflichen Ebene wird in solchen wahrhaften Erkenntnismomenten eine starke geistige Kraft freigesetzt, die den Menschen innerlich erstrahlen lässt. Wahre Stärke und geistige Kraft durchströmen ihn, und jene Menschen, die wissen, um was es auf diesem Planeten wirklich geht, werden unmittelbar erkennen, dass dieser Mensch sich auf dem rechten Weg befindet. Die Überwindung des Egos erfordert große innere Stärke. Es ist natürlich leichter, sich weltlichen Versuchungen hinzugeben, die nur das kleine Ego stärken wollen, statt dem Ruf der Seele aus der geistigen Welt Folge zu leisten.

Kaum ein Mensch ist frei von inneren Konflikten. In Beziehungen wird dann das, was im Inneren vor sich geht, in der Außenwelt gespiegelt. Die Umstände dafür sowie der zeitliche Rahmen werden von der geistigen Führung vorgegeben, die genau weiß, wann ein Mensch bereit und kraftvoll genug ist, die Konflikte zu lösen und Negatives umzuwandeln. Der Mensch sollte sich in Beziehungen daher immer fragen, wem er dienen möchte, den Herren der Welt oder dem Licht seiner Seele.

Auch die äußeren Umstände von Beziehungen sind wichtig, damit Erkenntnismöglichkeiten in der Weise eintreten können, wie sie angestrebt sind. Man kann sich den Aufwand der Wesen in den inneren Welten kaum vorstellen, der erforderlich ist, um das Leben auf dieser Erde zu gestalten und zu lenken. Zugverspätungen, verpasste Anschlüsse, sogar Reifenpannen werden mitunter von der geistigen Führung eingeleitet, damit sich bestimmte Menschen begegnen und so noch alte karmische Verknüpfungen auflösen können. Mit großer Geduld, Liebe und Hingabe sind viele Wesenheiten an der Verknüpfung weltlicher Geschehnisse beteiligt. Diese machtvollen Lichtwesen überwachen den gesamten Ablauf der Ereignisse auf Erden.

Der Mensch kann sich in der Meditation und im Gebet liebevoll an diese Wesen wenden und ihnen den Dank aussprechen für ihre hilfreiche, so überaus liebevolle Tätigkeit, ohne die er kaum etwas erreichen könnte. Je harmonischer sich die innere Verbindung des Menschen mit diesen himmlischen Helfern vollzieht, umso effektiver können die Lebensabläufe gestaltet werden. Diese bewusste Hinwendung an die geistige Führung setzt bereits ein geöffnetes Bewusstsein des Menschen voraus, und mit dem Gefühl von Liebe und Dankbarkeit kann eine noch innigere Verbindung aufgebaut werden. Man kann dann eine innere Einheit erleben, welche die Gefühle von Einsamkeit auf diesem Planeten nahezu gänzlich verschwinden lässt.

Die geistige Welt will den Menschen immer unterstützen und ihm beistehen, ganz besonders seine persönlichen Helfer. Auch von seiner Seele erhält der Mensch Inspiration. Besinnt sich der Einzelne auf diese geistige Führung und strebt er eine tiefere Verbindung zu diesen Wesen an, wird er nie enttäuscht werden, da es von ihrer Seite weder menschliche Verurteilungen noch Schwächen, Verleumdungen oder Missverständnisse gibt. Sie werden dem Menschen nur Liebe schenken. Er wird von ihnen inspiriert, getragen und geleitet. Wer sich zu dieser Bewusstseinsebene erhoben hat, erkennt unmittelbar, dass Schwierigkeiten oder Enttäuschungen niemals von der geistigen Welt verursacht werden, sondern stets nur Auswirkungen von altem Karma darstellen oder Lernsituationen sind, die der Mensch zu durchleben hat, um Erkenntnisse zu erlangen oder alte weltliche Bindungen abzulegen.

Menschen halten ihre Versprechen nicht ein, Menschen enttäuschen Menschen, zeigen Schwächen oder leben negative Züge aus. Für die lichtvollen Wesen aus den höheren Ebenen oder die Engelwesen, die von allen Menschen um Hilfe gebeten werden, trifft dies natürlich in keiner Weise zu. Sie vermitteln Halt, Liebe und Kraft.

Der Weg zu Gott ist der eigentliche Hintergrund aller menschlichen Beziehungen. Die Selbsterkenntnis und die Rückkehr aus der Trennung von Gott sind die Triebfeder auf jedem geistigen Weg. Jeder Mensch ist auf dem Pfad. Er wird von seiner Seele immer wieder auf ihn zurückgeführt, auch wenn er von Arbeit an sich selbst noch gar nichts wissen will. Er wäre nicht auf der Erde, würde seine Seele nicht nach Gott streben. Der Zustand seiner verschiedenen Seelenteile kann dabei allerdings sehr unterschiedlich sein.

Einige weltliche Kräfte sind sehr daran interessiert, dass der Mensch die geistigen Hintergründe des Lebens nicht erkennt oder sie im Alltag immer wieder vergisst, damit sie selbst ihren Zugang und ihren Einfluss nicht verlieren. Angstgefühle, die Suche nach Ablenkung in äußeren und in weltlichen Dingen sowie alle Süchte sind geeignete Lebensbereiche, die von diesen Wesen aufrechterhalten werden möchten. Auf diese Weise soll das Erwachen des Menschen verhindert und mittels vieler Ablenkungen und scheinbarer ehrwürdiger Traditionen die alten Machtstrukturen lebendig erhalten werden.

Die Lösung aller dieser Probleme, der Weg und das Ziel des Lebens ist Liebe, göttliche Liebe. *Wer in der Liebe ist, ist frei* und kann sich außerhalb aller von Menschen erschaffenen Gesetzmäßigkeiten bewegen. *Nur die Liebe macht uns frei.*

Liebe strömt dann, wenn der Mensch sich von seinem Ego befreit hat. Liebe kann nicht mit dem Verstand gleichsam herbeigedacht werden. Sie verschenkt sich aus sich heraus. Wahre Liebe ist nicht an Forderungen oder Vorstellungen gebunden. Doch wer ist schon wirklich völlig frei davon? Den Fluss reiner Liebe strömen zu lassen, sollte das Ziel des Menschen sein. Gelingt ihm dies, ist er ganz natürlich mit der Liebe Gottes verbunden.

Beziehungen mit anderen Menschen können der Schlüssel zu diesem Strom reiner Liebe sein. Im Gegenüber kann man sich selbst erkennen. Im anderen werden dem Menschen genau die Charakterzüge gespiegelt oder jene Probleme aufgezeigt, die es für ihn noch zu durchlichten gilt.

Um den Rahmen für Beziehungen, wie sie in diesem Buch betrachtet werden, in einem großen Bild zu erfassen, ist es notwendig, sich kurzzeitig zurück an den Beginn der Schöpfung zu versetzen. Für dieses Geschehen können aus menschlicher Sicht keine konkreten Aussagen getroffen werden, da die Schöpfung weit außerhalb unseres Begriffsvermögens steht. Dennoch kann vielleicht über ein ahnendes Begreifen das Bewusstsein einige Erkenntnisse erlangen, die uns das Mysterium des Seins ein wenig näher bringen.

In diesem Sinne liegt den nachstehenden Ausführungen der sogenannte „Geistfall" der christlichen Mythologie zugrunde. Danach stürzte einst das größte Lichtwesen aus der Liebe Gottes. Es verfiel dem Eigenwillen und glaubte, alles, was Gott vollbrachte und tat, könne es auch selber. Jedoch erschöpfte sich seine abgespaltene Energie immer mehr, und sein ganzes Sein sowie all jene Wesen, die mit ihm aus der Liebe Gottes stürzten, verdichteten sich immer mehr. Immer stärker wurden Lieblosigkeit und Herzenskälte. Sich vom nie versiegenden Kraftquell der Liebe Gottes bewusst abschneidend, verloren sie immer mehr an Energie und Liebe, was zu großen Ängsten und Verlassenheitsgefühlen führte.

Durch die Erschaffung der Materiewelten wurden allmählich Wege erschaffen, die es den abgefallenen Wesen wieder ermöglichen sollten, die Liebe Gottes neu zu erleben, sich ihres wahren Lebens in Gott erneut bewusst zu werden. So sollte ein Rückweg geschaffen werden, welcher all jenen Seelen die Möglichkeit bot, wieder in das geistige Reich einzukehren, welche das innere Streben danach verspürten.

Noch immer bietet das Erdenleben mit seinen Erfahrungen und Erkenntnissen die Möglichkeit, die Liebe wiederzufinden, sich ihr zu öffnen und das ursprüngliche göttliche Wesen wieder zum Ausdruck zu bringen. Gott wartet auf jede einzelne Seele, und der Heimweg ist stets geöffnet. Jeden einzelnen Aspekt, den ein Mensch wieder in die Liebe schwingt, versorgt automatisch die Liebeskraft Gottes. Dadurch wird der menschliche Wille eins mit dem Willen der Liebe Gottes. SEIN Wille wird auch der Wille des Menschen, da der Mensch nicht mehr den eigenen Willen ausleben möchte. Dies bedeutet in keiner Weise den Verlust von Identität, sondern die Erkenntnis, dass der Eigenwille meist nur der Verführung unterliegt. Zu welchen Ergebnissen eine Welt voller Eigenwillen führt, kann man deutlich am Zustand des Planeten Erde erkennen. Lebt der Mensch im Einklang mit dem Schöpferwillen, wird er stets gelenkt, wird immer das Richtige tun und auch niemandem schaden, da alles, was in der Liebe Gottes schwingt, einem gemeinsamen Ziel dient, dem großen Bauplan des Lebens.

Die gestürzten Wesen sind durch den Fall aus dem Dialog *mit* und der offenen Beziehung *zu* Gott gefallen. Durch die innere Entfernung von der göttlichen Lebensquelle und die Entwicklung von Härte und Herzlosigkeit ging die Liebe immer mehr verloren.

Das göttliche LICHT konnte in diesem Zustand nicht mehr wahrgenommen werden. Die Machtbesessenheit und Bösartigkeit mancher Wesen rühren somit daher, dass sie sich von Gott nicht mehr geliebt fühlen und glauben, er hätte sie verlassen. Sie vergessen, dass sie sich selbst einmal von ihm abgewandt haben und allein die Schuld an ihren Umständen tragen. Das Ausleben von Macht, Unterdrückung, Lieblosigkeit und Bösartigkeit bedeutet dann, dass solch ein Wesen kaum mehr Energie von der Schöpferkraft empfangen kann, weshalb es versucht, diese von anderen Menschen abzuziehen. Ein solches Leben in der Missachtung anderer führt in noch größere Gottesferne. Das Quälen anderer Menschen oder Tiere ist zumeist das Resultat der irrigen inneren Überzeugung, von Gott nicht mehr geliebt und verlassen worden zu sein. Daraus entsteht Hass und das Verlangen, andere das gleiche Leid erleben zu lassen. Einige Wesen gewinnen eine kurzfristige Befriedigung aus dem Glauben, anderen Menschen gehe es dann genauso schlecht wie ihnen. Auch die Verursachung von Schuldgefühlen dient dazu, um den Hass auf Gott auszuleben, weil sie anscheinend nicht mehr geliebt werden. Dieses sind sehr niedrige Emotionen, die jedoch latent noch in vielen Menschen stecken. Auch wenn sie nicht weiter verstärkt werden, verspüren viele Mensch immer wieder einen großen Zorn auf das Leben in sich selbst. Meist haben Teilbereiche des Menschen vor langer Zeit diesen Zorn erschaffen, der nun wieder abgetragen und umgewandelt werden muss.

Viele negative Emotionen, die der Mensch in sich empfindet, sind nicht neu oder von der derzeitigen Persönlichkeit geschaffen – sie sind vielmehr sehr alt und bedürfen der Erlösung. Es ist wichtig zu erkennen, dass gerade in den Momenten des Erlebens dieser Emotionen auch der Zugang zu ihnen vorhanden ist. In diesen schicksalhaften Augenblicken können sie aufgelöst werden. Deshalb ist es sehr wichtig, solche Momente oder auch Stunden und Tage voller negativer Emotionen anzunehmen, in dem Wissen, dass nur jene Gefühle wahrgenommen werden, die jetzt vorhanden sind, weil sie einst geschaffen wurden. Nun ist der Zeitpunkt gekommen, an dem sie aufgelöst werden können. Es erfordert ein hohes Maß an Liebe und Einsatz seitens des Menschen, dieses alte Karma anzunehmen und zu „zerlieben".

In solchen Momenten hat es sich bewährt, tief ein- und auszuatmen. Mit dem Einatmen kann man die Liebe Gottes aufnehmen und im Körper verteilen; mit dem Ausatmen kann man voller Dankbarkeit das Dunkle wieder abgeben. „So werfet alles auf mich", hat uns Christus angeboten. Sicher meinte er damit diese Last, die in menschlicher Not und bei der Verarbeitung von altem Karma als Verwandlungsenergie anfällt. Nur durch Annahme und Auflösung in Liebe kann alter Hass, egal auf was oder wen, abgelöst werden. Die Aura wird klarer und reiner, und die Liebe Gottes kann wieder hervortreten. Gott ist immer anwesend, es ist der Mensch, der dies erkennen muss. Der Mensch muss die Trennung von Gott rückgängig machen. „Klopfet an, so wird euch aufgetan."

Viele Menschen tragen in sich noch ein Ahnen, wie liebevoll das Dasein in der geistigen Welt ist. Daher spüren sie beim Eintritt in das Erdenleben schmerzhaft die große Lieblosigkeit und Kälte, die sich hier ausgebreitet hat. Ein Gefühl der Trennung von Gott, von der Liebe, setzt ein, gepaart mit dem Wissen, dass das Erdenleben auch eine Trennung der Persönlichkeit von der Seele darstellt.

- Der Mensch ist durch eine Bewusstseinsschranke von höherem Wissen abgeschnitten.
- Die Erdenpersönlichkeit erlebt die Trennung von ihren eigenen höheren Seelenanteilen, die sich in der geistigen Welt befinden.
- Der Mensch fühlt die scheinbare Trennung von Gott, die aufgehoben werden kann durch die Rückkehr des geistig Gefallenen in die Ur-Liebe Gottes.
- Die Erdenwesen sind getrennt in weiblich und männlich und versuchen, im Gegenüber diese empfundene Sehnsucht auszugleichen.

Diese vier Aspekte verursachen das Gefühl von Trennung in dieser dualen Erscheinungswelt; und der Mensch versucht unbewusst, auf irdischer Ebene eine geistige Einheit zu verwirklichen. Er versucht, wieder „heil" zu werden und erneut die Liebe zu finden.

Aus dieser Sehnsucht heraus dürfte die Vorstellung der Dualseele entsprungen sein. Es ist jedoch kaum vorstellbar, dass sich genau die Aspekte und Wesenszüge in einem anderen Menschen wiederfinden, die alle Sehnsüchte des Herzens stillen würden. Der gewissermaßen „fehlende Teil" befindet sich in der geistigen Welt. Es ist die eigene höhere Seele, von der man getrennt ist. Es ist die Sehnsucht nach der Einheit von männlich und weiblich, die sich im eigenen Inneren vollziehen muss, und nach der göttlichen Liebe, die in Wahrheit gesucht wird. Die Aufhebung der irdischen Dualität und die Wiedervereinigung mit der Seele und mit Gott sind das eigentliche Sehnen und das Ziel aller Erdenwesen.

Viele Persönlichkeitsanteile sind in früheren Leben auf ihrem langen Entwicklungsweg mit vielen negativen Umständen und zahlreichen lieblosen Menschen zusammen gekommen. Diese Erfahrungen hindern sie in vielen Fällen daran, Liebe zu empfinden.

Sie wagen es nur noch innerhalb der Familie oder in einer festen Partnerschaft, ihre Liebe zu zeigen. Daher fließen die Energien innerhalb ihrer Aura nicht ungehindert, obwohl ihr Sehnen nach Liebe überaus groß ist.

In einer Partnerschaft ist der Mensch eher bereit und fühlt sich sicher, die eigene Liebe fließen zu lassen. Im Wissen, dass in dieser meist als feindlich empfundenen Welt ein Gegenüber vorhanden ist, bei dem man sich geborgen, sicher und behütet fühlen kann, wagt man zu lieben. Es ist der innere Wunsch des Menschen, seine eigene Liebe fließen zu lassen, wofür eine Beziehung eine gute Grundlage darstellt. Der Mensch möchte sich auch in dieser Welt so geliebt fühlen, wie er es sich wünscht, von Gott geliebt zu werden.

Es wird von jeder Seele bereits ein großes Maß an Liebe gefordert, um auf der Erde zu inkarnieren, hier zu lernen, zu erkennen und bewusster zu werden. Die Liebesfähigkeit ist somit bereits in genügender Weise vorhanden, damit der Mensch an sich arbeiten kann. Trotz dieser bestehenden Liebe kann die Vergangenheit nicht einfach gelöscht werden. Manchmal arbeitet sich der Mensch mühsam wieder in die geistige Heimat zurück, damit auch der kleinste eigenwillige Teil in ihm freiwillig in die Liebe zurückkehren kann. Auch altes Karma, welches die verschiedenen Vorläuferexistenzen der Seele angehäuft haben, muss verarbeitet und ausgeglichen werden.

Existierte alles Sein ursprünglich mit Gott in einer harmonischen, liebevollen Beziehung, muss diese nun wieder neu erarbeitet und erkannt werden. Durch die Erfahrungen in den zwischenmenschlichen Beziehungen kann die innere Beziehung mit Gott wieder neu erlernt werden. Der liebevolle Umgang miteinander und vor allem die Arbeit des Einzelnen an sich selbst kann durch das Instrument „Beziehung“ auf ideale Weise vermittelt werden.

Gott durchdringt alles, was ist, und alles ist ursprünglich aus ihm und durch ihn. Alles ist mit ihm verbunden, wird von ihm getragen und geliebt. Das Erdenleben stellt eine Erkenntnisstufe dar, über welche die Seelen alle ihre abgefallenen Teilbereiche wieder zurückholen können. Hier kann die Liebe wiedererweckt werden. Die höheren Bereiche jeder Seele befinden sich in den kausalen Lichtwelten und setzen alles daran, die Teilbereiche zurückzubringen, die sich noch in den sogenannten niederen astralen Welten befinden.

Das irdische Leben wird hinsichtlich der wichtigen Ereignisse meist genau geplant und vor der Inkarnation in der geistigen Welt vorbereitet. Beim Eintritt in das Erdenleben wird über das menschliche Bewusstsein ein Schleier gelegt, eine Art *Bewusstseinsschranke*, die verhindert, dass die geistige Wahrheit voll zugänglich ist, damit durch die eigenen Handlungen die Rückwendung zum Göttlichen aus freier Entscheidung erfolgen kann. Ohne die Belastung des Wissens über die Vorleben kann jedes Mal neu gelebt und neu entschieden werden. So kann der Mensch sein Bewusstsein entfalten und die Liebe ebenso wie den Hass erfahren, in sich selbst wie auch von außen. Deshalb zeigt die Liebe in der Seelenentwicklung auch viele Gesichter. Demut, Toleranz, Hingabe, Nächstenliebe und Geduld sind wichtige Elemente dieser Liebe.

Der Mensch kann in der Begrenztheit der Inkarnation die Gottheit kaum im Ansatz erfassen. Er vermag sie nur demütig zu erahnen oder kann versuchen, etwas von ihrer Größe zu erfühlen. Doch kann durch die innere Wahrheitssuche erkannt werden, dass Gott selbst weder weiblich noch männlich, sondern ein Wesen ist, welches alle Aspekte in vollendeter Form in sich vereint. So galten im alten Griechenland Zwitterwesen als heilig, da die alten Griechen sie in ihrer Einheit als gottähnlich ansahen. Es ist für den Menschen nur schwer vorstellbar, dass Gott oder die höchsten Engel nicht mehr in die Polarität männlich oder weiblich unterteilt werden können. Innerhalb der Dualität ist es nicht einfach nachzuvollziehen, dass ein Wesen in einer vollendeten Einheit alle Aspekte integriert. Doch bereits jede Seele ist in den höheren Welten weder weiblich noch männlich. Ausschließlich in der materiellen Welt und teilweise noch in den astralen und mentalen Ebenen zeigt sich die Aufteilung in männlich und weiblich. Jede Seele wählt in den verschiedenen Erdenleben männliche und weibliche Inkarnationen, um in sich die beiden Aspekte zu erfahren, um bewusst zu werden und sich zu vereinen. Die Seelenbereiche erleben eine Aufhebung dieser Trennung, wenn sie aus dem Rad der Wiedergeburt endgültig in das geistige Reich eintreten. Jeder Mensch fühlt unbewusst diese geistige Wahrheit in seinem Inneren und strebt nach diesem großen Ziel.

Viele Seelen haben in sich bereits weibliche und männliche Anteile harmonisiert. Bei immer mehr Menschen kann man erkennen, dass sie in sich viele Aspekte zum Ausdruck bringen, in denen sich bereits die Einheit beider Qualitäten zeigt. Sie sind als Mann nicht mehr übermäßig hart, sondern auch sehr intuitiv und sanft, oder können als Frau auch das Kommando übernehmen und die positive Kraftform männlichen Kampfgeistes zeigen. Die Emanzipationsbewegung ist hierfür ein klares Beispiel. Auch Männer erkennen immer deutlicher, dass Intuition und Sanftheit eine fließende Kraftquelle sein können. Hausmänner konnte man sich im Mittelalter nicht vorstellen, ebensowenig Frauen, die in der Geschäftswelt den Ton angeben.

Mitunter wirkt sich diese Aufhebung der alten Polaritäten in der Sexualität verwirrend aus, und es erfordert klare Richtlinien, um den jeweiligen Weg zu finden. Manche Männer, die im unmittelbar vorangegangenen Leben Frauen waren, fühlen sich trotz eines Männerkörpers nicht zu Frauen hingezogen, und auch Frauen bemerken, dass sie in sich Anteile tragen, die einen weiblichen Körper sehr erotisch finden, obwohl sie durchaus auch auf das männliche Gegenüber ausgerichtet sind. Immer wieder können sich im Menschen auch einzelne Empfindungen zeigen, die mit dem größeren Teil der Persönlichkeit nicht harmonisieren. Es empfiehlt sich in solchen Lebenssituationen, die jeweiligen Gefühle anzuschauen, sich hineinzufühlen und sie neu auszurichten. Dieser Prozess sollte so natürlich und unverkrampft wie möglich erfolgen. Ein Unterdrücken oder Nicht-Hinsehen löst das Problem nicht. Alle inneren Aspekte sollten ehrlich und voller Liebe angenommen und betrachtet werden.

Inkarniert der Mensch in einen materiellen Körper, ist er den körperlichen Wahrnehmungen von weiblichen und männlichen Aspekten unterworfen. Frauen wünschen sich in der Regel einen Mann, der sie beschützt, der stark ist und kraftvoll den scheinbar schwächeren Teil in ihnen behütet. Männer suchen das Weibliche, da sie im Kampf in der Welt ihre weichen Züge und über sie den Zugang zu den höheren Kräften nur schwer finden können. Männer wie Frauen suchen meist im anderen Geschlecht den Mangel an Energie auszugleichen und zu harmonisieren, den sie in sich fühlen. Dieser Ausgleich hat in vielen Fällen nicht nur mit dem Menschen selbst zu tun. Es wird durch dieses Geschehen geistige Erkenntnis erlangt und ein Energieausgleich mit den bestehenden Strukturen des Planeten durchgeführt. So kann Harmonie geschaffen werden, indem voller Liebe die Polarität von männlich und weiblich in der Welt betrachtet wird. Der Einzelne lebt sein Leben nicht nur für sich selbst, sondern immer auch für die Gesamtheit.

Der Mensch lebt in einer dualen Welt, die es ihm ermöglicht, in ihr alle Facetten des Seins zu erfahren. Jeder Wesenszug kann in seiner Art erfasst, bewusst erlebt und integriert werden. Wenn durch den Fall aus der Liebe Gottes eine Trennung erfolgte, liegt es an den Heimkehrern, diese Trennung wieder aufzuheben und zu heilen. Es wirkt eine heilige Ordnung hinter der Erkenntnis von der inneren Einheit des männlichen und weiblichen Poles.

Bei der Dualität der Geschlechter geht es nicht nur um Einung, Bewusstwerdung und Heimkehr, sondern sie ermöglicht es dem irdischen Sein vor allem, materielle Körper zu erschaffen. In der geistigen Welt existiert ein solcher Prozess nicht, da die Seelen von Gott geschaffen werden. Nur die Gottheit ist in der Lage, aus sich selbst heraus wahrhaftes LEBEN zu erschaffen. Dämonen, Gedanken-Elementale oder Wesen, die aus Emotionalenergie entstehen, können zwar von Dunkelwesen gebildet werden, doch bestehen diese ausschließlich aus der sich erschöpfenden Energie ihrer Erzeuger. Sie müssen stets wieder aufgelöst werden und haben mit eigenständigen Seelen, die aus Gott heraus ins Leben treten, nicht die geringste Ähnlichkeit.

In der irdischen Ebene werden die materiellen Körper benötigt, damit Seelen die Möglichkeit haben, diese immer wieder zu bewohnen und auf der irdischen Ebene den Erkenntnisweg antreten zu können. Würde ihnen diese Möglichkeit der Inkarnation genommen, wäre ein Erleben in der materiellen Welt nicht länger möglich. Durch die Erschaffung der Körperformen werden in jedem Fall wichtige Bereiche der gefallenen Schöpfung zu neuem Leben erweckt, transformiert und in die geistigen Ebenen emporgehoben. Besondere Vorkehrungen sind von der Schöpfung getroffen worden, damit der Mensch in seiner Körperlichkeit nicht das Streben nach Vermehrung abschafft. Das Tier erlebt die Fortpflanzung sehr triebhaft, es hat keine eigene Entscheidung darüber. Der Mensch wird zwar ebenfalls über das Verlangen des Körpers zur Sexualität gedrängt, kann jedoch über die Herzensebene – über die Christus-Energie – einen Zugang in höhere Welten erreichen.

Das Erkennen der einzelnen Aspekte in Liebe ermöglicht die Rückkehr *auch* der sogenannten Materie in die geistige Heimat, welche ja in Wirklichkeit ebenfalls nur verdichtete Geist-Energie darstellt. *Was geliebt wird, wird erhöht.* Jeder Mensch kann in sich die einzelnen Aspekte, die noch in die Liebe transformiert werden sollen, durch das Erleben in der Außenwelt erkennen. Das bedeutet, dass der Mensch sich bewusst machen sollte, auf der Welt nicht nur zu leben, um es sich gut gehen zu lassen und keine Sorgen, Nöte und Schmerzen zu erfahren. Dieser glückliche Zustand wird erst dann erreichbar sein, wenn die Arbeit der Transformation geleistet wurde.

Die Bereitschaft, das Leben als Lernaufgabe und Erfahrungspfad zu betrachten, ist eine wichtige Voraussetzung, um sich die Vorgänge innerhalb von Beziehungen klar zu machen. Das Gegenüber kann wertvolle Hinweise liefern, an denen der Mensch wachsen und sich von altem Karma befreien kann. Es geht immer um die Wahrheitssuche im Inneren, damit nicht weltliche Muster dem Menschen eine Trugwelt vorgaukeln können. Es geht um Erkenntnis durch Beziehung. Eine Versklavung oder Unterdrückung durch einen Partner oder Mitmenschen ist natürlich nicht gemeint. In solchen Fällen kann es sein, dass ein Mensch vielleicht lernen muss, sich auch einmal zu wehren.

Die Sehnsucht des Menschen nach Beziehung, Liebe und Verbindung mit anderen Menschen ist in Wirklichkeit die Suche nach der Vereinigung mit der eigenen Seele und mit der Göttlichen Welt. Der Mensch sehnt sich nach der Liebe zu Gott, nach der erfüllenden Verbindung und Liebe zum Allerhöchsten. Solange er dies nicht bis in seine kleinste Zelle hinein erkannt hat, wird er im Äußeren suchen und kann dort natürlich nur enttäuscht werden. Gegensätzliche Kräfte setzen alles daran, den Menschen im Irrglauben zu belassen, er könne die Erfüllung seiner Liebe in der Welt finden – doch dies ist eine Illusion. Die Erfüllung seines Sehnens, das in Wahrheit die Suche nach Gott ist, kann nur im Menschen selbst erfolgen. Findet er die wahre Erfüllung seiner Liebe, vermag er sie auch seinen Mitmenschen, seinem Partner und seiner Familie weiterzuschenken. Was für eine Belastung würde es für einen Menschen bedeuten, wenn er wirklich dafür verantwortlich wäre, ob ein Partner seine Erfüllung fände oder nicht. Wie abhängig wäre ein Mensch vom anderen.

Die Liebe in der irdischen Welt weist viele Erscheinungen auf, die sich in einer Vielzahl von Beziehungen widerspiegeln. So erlebt der Mensch zum einen verschiedene Stadien von Liebe zu verschiedenen Menschen, die auch in ihrer jeweiligen Intensität variieren. Man erlebt die Liebe zu den eigenen Eltern, zu den Geschwistern, zu Freundinnen und Freunden, zu den eigenen Kindern, zu einem Partner, zu bestimmten Menschengruppen oder auch zu Tieren und Pflanzen. Auch das Gefühl der Liebe zu „Mutter Erde" ist eine ganz besondere Empfindung. Alle diese Aspekte der Liebe äußern sich in einer ganz besonderen, jeweils unverwechselbaren Form. Sie sind alle wichtig und drücken einen speziellen Aspekt des Seins aus. In ihnen allen spiegelt sich die vollkommene Liebe des All-Geistes, die sich auf alle Geschöpfe gleichermaßen erstreckt.

Die Aura des Menschen drückt in ihren Farben und Formen sowie in ihrer Ausstrahlung den Stand der Liebe aus, der bereits verwirklicht werden konnte. Ebenso zeigen sich alle Blockaden und Störungen, mit denen der Mensch noch zu arbeiten hat, oder karmische Verdichtungen, die noch aufgelöst und in die Liebe geschwungen werden müssen. Energetische Verbindungen sind wie Seile oder Kabel sichtbar, die belastende, karmische Verstrickungen zu anderen Menschen anzeigen. Aktuelle Verarbeitungen sind in den nahen Aura-Hüllen erkennbar. Altlasten, die erst zu einem späteren Zeitpunkt verarbeitet werden sollen, sind in den tieferen Schichten in der Aura abgelagert.

Für die Arbeit des Menschen an sich selbst und an der Lösung seines Karma ist nach der dichten Körperhülle vor allem die Äther-Aura, in der die Lebensenergie zum Ausdruck kommt, von großer Bedeutung. Die nächste feinstoffliche Hülle ist die Astral-Aura, die Ebene der Gefühle, und als weitere Hülle die Mental-Aura, das Feld der Gedanken. Sie sind alle eng miteinander verbunden, und belastende Blockaden durchziehen meist alle Schichten dieser Auren.

In der emotionalen Aura des Menschen sind alle Gefühle vorhanden, mit denen er umzugehen hat. Blockaden und lieblose Emotionen zeigen sich innerhalb dieses feinstofflichen Feldes als dunkle Flecken und unschöne Verdichtungen, je nach dem gedanklichen und emotionalen Inhalt.

Gefühle der Liebe werden in den verschiedensten Rot- und Rosa-Tönen sichtbar. Auch in der Liebe sind verschiedene Entwicklungsstufen erkennbar. Ist die Liebe noch stark an körperlichem Verlangen orientiert, ist sie tiefrot und weist manchmal auch dunkle Flecken auf, wenn sie triebhaft wirkt. Je höher die Liebe schwingt, umso heller erscheint sie in der Aura. Die Liebe zu Gott, zu den Mitmenschen und in reiner Form auch zu sich selbst erscheint in einem zarten Rosa. Mit irdischen Bildern ist dieses Rosa nicht zu beschreiben, da dem materiellen Auge das Rosa als schwaches Rot erscheint. In der menschlichen Aura, im feinstofflichen Feld, zählt dieses Rosa jedoch zu den intensivsten Farbtönen. Es ist von großer Kraft erfüllt und schwingt mit höchster Intensität.

Die menschliche Liebe kann in ihrer Auswirkung in drei Gruppen eingeteilt werden.

Erstens die körperliche Liebe, die jedem Organismus als triebhaftes Element mitgegeben wurde, um den Erhalt der Spezies zu sichern. Die dafür zuständige Energie ist im Wurzel-Chakra, an der Basis der Wirbelsäule, verankert. Das Wort „triebhaft“ sollte hier nicht erschrecken, ist doch die Körperhülle mit dem Tierreich verbunden. Über die körperliche Begierde wird der erste Schritt zur Liebe eingeleitet. Es ist wissenschaftlich belegt, dass Frauen in der Zeit ihres Eisprunges ganz besonders auf eine körperliche

Vereinigung ausgerichtet sind. Der Körper reagiert, ohne dass der Wille dies abzuschalten vermag. Besonders starke Männer, die für einen gesunden Nachwuchs sorgen sollen, werden dann unbewusst bevorzugt. Dies sind Mechanismen, die gesetzmäßig auf der Körperebene wirken; und über Hormone und chemische Vorgänge werden diese Prozesse geistig gelenkt, damit dunkle Kräfte sich in Inkarnationsvorgänge nicht einmischen können.

Aus dem Wurzel-Chakra, das mit einer wichtigen Verbindung zur ursprünglichen Schöpferkraft versehen ist, strömt die Ur-Kraft der Liebe, die Wirbelsäule schlangenhaft umströmend, nach oben. Sie vergeistigt sich im Laufe ihres Weges und kann als transformatorische Kraft die Rückkehr in die geistige Welt vorbereiten.

Kurz vor der Menstruation überfällt Frauen in den meisten Fällen eine große Einsamkeit und Traurigkeit. Starke Unlust und Mürrisch-Sein sind weitere Begleiterscheinungen, die in der Gefühlsebene aktiviert werden. Unmittelbar vor einer Geburt überkommt werdende Mütter meist eine Art Aufräumzwang, um alle Räume noch einmal herzurichten, bevor das Kind geboren wird. Der Mensch wird stärker von seinen Instinkten bestimmt, als er sich dies eingestehen mag. Eroberungsgebaren und Selbstdarstellung sind bei Männern ebenfalls Bereiche „tierischen" Verhaltens. Diese Urkräfte sind notwendig, können aber im Laufe der menschlichen Leben immer mehr aufgelöst und liebevoll integriert werden.

Hinsichtlich des Aufstieges der Ur-Lebenskraft über die Wirbelsäule ist bereits einiges Material veröffentlicht worden. Die östliche Tradition bezeichnet diese Kraft als Kundalini. Nachstehend wird dieses Wort jedoch nicht verwendet, da es mit zu vielen Fehldeutungen behaftet ist. Stattdessen wird diese Energie als Ur-Lebenskraft bezeichnet, da sie ein Aspekt jener Schöpferkraft ist, welche nur in der körperlichen Ebene mit Sexualität verknüpft ist. Auf den höheren Lebensplänen ist sie ein kreativer Impuls, der mit den irdischen Vorstellungen von körperlicher Liebe nichts mehr zu tun hat. Sie ist ein wichtiger Bestandteil der Schöpfung und wird mit der Zeit immer mehr transformiert werden. Die große kosmische Lebenskraft bedarf im zukünftigen evolutiven Geschehen immer weniger des körperlichen Erlebens, das für die meisten Menschen gegenwärtig noch einen wichtigen Bestandteil der Entwicklung darstellt. Mit der fortschreitenden Entfaltung des Lebens auf Erden wird die Materie mehr und mehr erhöht und durchlichtet werden.

Da die Ausbildung der Chakras mit der geistigen Evolution des Menschen einhergeht, kann man bei einem liebevollen Menschen in der Aura das Ausströmen einer großen Liebeskraft aus dem Herz-Chakra wahrnehmen. Diese ist eine reine Form der Ur-Lebenskraft. Es ist die Ausstrahlung einer erfüllten Liebe. Nicht umsonst sind in den Heiligenbildern Herzen besonders hervorgehoben und rötlich glänzend gemalt worden. Ein offenes Herz-Chakra steht für ein liebevolles Herz.

Je mehr das Bewusstsein der Menschheit sich entwickelt und je vergeistigter der Einzelne wird, umso stärker fließt die Kraft auch in den oberen Chakras. Die geistige Liebe stärkt die Verbindung in die höheren Ebenen und versetzt das Scheitel-Chakra in intensive Schwingungen. Es beginnt in goldenem und silbernem Licht zu erstrahlen.

Die geistige Liebeskraft kann nicht mit dem Willen herbeigeführt werden, etwa durch Meditationen, in denen Licht gedanklich projiziert wird und Farben vorgestellt werden. Diese Kraft fließt nur durch die Verwirklichung der Liebe. Deshalb sind „Schutzzauber" aus Lichtkraft durch den Willen ohne Bedeutung. Sie wirken eher schwächend, wenn sie nicht aus dem Gefühl der reinen Liebe entstehen. Dann wird jedoch nicht magisch projiziert, sondern die Gottheit und die Engel werden um Licht und Liebe gebeten, welche sie bereitwillig gewähren.

Der Mensch nimmt gerne das Wort *Liebe* in den Mund und meint jedoch ganz andere Dinge. Begierde wird dann zur Triebfeder für Beziehungen, Verlangen drängt den Menschen und Besitzansprüche oder Eroberungssucht bilden die wahren Motive vieler Handlungen, die unter der Überschrift „Liebes-Beziehungen“ in der Gesellschaft geführt werden.

Menschen, deren Verlangen nach Zuwendung und Liebe in ihrer Kindheit nicht gestillt wurde, suchen manchmal krampfhaft in ihren Beziehungen nach ihrer Erfüllung. Sobald eine Partnerschaft eingegangen wird, wird dieses innere Bedürfnis sofort auf den Partner übertragen und als Zuwendung eingefordert. Funktioniert das Gegenüber nicht so, wie es gewünscht wird, da es vielleicht lieber freiwillig als unter Zwang seine Liebe schenken würde, sind die Probleme vorprogrammiert. Hier wird bereits deutlich, dass das Problem nicht bei dem Menschen liegt, der die Liebe nicht in der erwünschten Form erwidern möchte, sondern in jenem Menschen, der die Liebe und Zuwendung so zwingend einfordert. Von der geistigen Führung werden in solchen Fällen genau die Menschen zusammengeführt, die aneinander ihre Probleme erkennen können. Der Partner reagiert aus alten Prägungen allergisch gegen bestimmte Ansprüche, sein Gegenüber ist aber intensiv auf diese Forderung ausgerichtet. Die Arbeit an sich selbst stellt für beide die Lösung dar.

Es ist ein wundervolles Geschehen, dass der Mensch in seinen Beziehungen einen großen Nutzen zur Arbeit für sich selbst erreichen kann, wenn er bereit ist, auch schmerzliche Hinweise anzunehmen und sie daraufhin zu verarbeiten. Es gibt immer dann etwas zu erkennen, wenn es schmerzt. *Wo der Schmerz wirkt, zeigt sich Bindung und nicht verarbeitetes Verlangen.* Die wahre Liebe schmerzt nicht. Die Seelen entstammen einer vollkommenen Schöpfung absoluter Liebe und sehnen sich danach, diese Wirklichkeit wiederzuerleben. Diese Sehnsucht ist der Motor und die Antriebskraft für die Arbeit an sich selbst.

Noch vor nicht allzu langer Zeit war es den Frauen kaum möglich, eigenes Geld zu verdienen, für sich selbst zu sorgen, eine eigene Wohnung zu nehmen oder auch ohne Partner zu leben. Gab es keinen Mann, der für das Essen und das Überleben sorgte, hatte eine Frau kaum Möglichkeiten zu überleben. Sie wurde vielleicht von der Gesellschaft mit den Worten verachtet: „Die hat keinen abbekommen." Es brannte sich somit über die Jahrhunderte in das „Frauen-Feld" die Vorstellung ein, dass für eine Frau zum Überleben immer ein Mann benötigt wird, auch um angesehen zu sein. Der Status der Frau wurde am Mann gemessen. Dieses alte Muster wirkt noch in vielen Frauen nach und verursacht bei Trennungen mitunter das Gefühl, nicht mehr überleben zu können. Es ist ein wichtiger Schritt dieser Zeit, jene alte Prägung loszulassen und umzuwandeln. Immer noch hört man Aussprüche wie: „Such dir einen reichen Mann, dann hast du ausgesorgt." So sind manche Frauen nicht auf der Suche nach einem Mann an ihrer Seite, der sie liebt und mit dem sie an sich arbeiten können, sondern unbewusst nach einem Versorger. Das Bedürfnis des Versorgt-Werdens, des Überleben-Könnens ist somit die Triebfeder, um eine Beziehung einzugehen, nicht die Liebe.

Bei manchen Männern erlebt man ebenfalls, dass Frauen mit dem Zweck des „den Mann Versorgens" angesehen werden. Andere betrachten sie als Eroberung, die dem Ego schmeichelt, wenn man sie besitzt. Hat ein Mann eine begehrenswerte Frau erobert, ist er ein „Sieger-Typ" und kann sich vor anderen Männern damit brüsten. Für ganz „gestrige" Männer hat die Frau dem Mann zu dienen und muss tun, was dieser ihr aufträgt. Manche Männer können es gar nicht ertragen, wenn ihre Frauen plötzlich etwas für sich selbst unternehmen und nicht immer nur für sie da sind. In solch einem Fall wird die Seelenebene Situationen im Leben herbeiführen, die eine Ablösung dieses Musters ermöglichen. Dies kann in hartnäckigen Fällen ein schmerzhafter Prozess sein.

Die Vielfalt der Hintergründe von „Beziehungsproblemen“ lässt sich in keinem Buch umfassend behandeln. Die Partner werden in den meisten Fällen vor einem Erdenleben festgelegt und bleiben so lange zusammen, bis die jeweiligen Ablösungsprozesse und Erkenntnisse abgeschlossen sind. Hier wird bereits deutlich, dass man das eigene Unglück nicht auf den Partner übertragen kann. Jedes Geschehen hat immer mit einem selbst zu tun und dient der Entwicklung. Im Grunde liegt es im Ermessen des jeweiligen Menschen, in einer Beziehung zu bleiben oder zu gehen. Über den freien Willen hat der Mensch die Möglichkeit, aus jeder Situation auszubrechen. Wenn er jedoch geht, bevor eine Aufgabe bewältigt ist, wird sie ihm mit einem neuen Partner auf gleiche Weise erneut gestellt. Hier wird der freie Wille deutlich eingeschränkt, da es dem Göttlichen nicht um die willkürliche Wahlfreiheit einer Persönlichkeit geht, die noch viel zu verstehen hat, sondern um die wahre Freiheit der Seele. Diese hat in den meisten Fällen entschieden, dass die Persönlichkeit die vorgegebenen Erkenntnisprozesse zu durchlaufen hat.

Es ist daher äußerst wertvoll, auftauchende Probleme, Gefühle und Vorgänge genau zu beobachten und sich selbst zu prüfen, was man in einer Partnerschaft zu lernen hat. Es ist hilfreich, sich bewusst zu machen, dass der Mensch im Auftrag seiner Seele zu seiner eigenen Befreiung diese Arbeit zu vollbringen hat und somit einem höheren geistigen Ziel dient. Der Partner spiegelt dem Menschen, gewissermaßen als Botschafter einer höheren Welt, die eigenen Unvollkommenheiten. Deshalb sollte die Schuld für Disharmonie und Probleme nicht im Gegenüber oder in den Umständen gesucht, sondern als Aufgabe erkannt werden, die gelöst werden will, um sich zu befreien und in inniger Harmonie mit dem Göttlichen leben zu können.

Ein wichtiger Aspekt hinsichtlich der Gefühle in Liebesbeziehungen ist es, sich bewusst zu machen, dass jeder Mensch die

Liebe, die er empfindet, ausschließlich in sich selber fühlt. Es werden ihm keine Gefühle von außen eingepflanzt, sondern alles findet stets inwendig im Menschen statt. Somit kann eine Partnerschaft oder eine liebevolle Beziehung Liebesgefühle auslösen und erwecken, gefühlt werden sie jedoch im eigenen Inneren. Die meisten Menschen neigen dazu, diese Gefühle auf den Partner zu projizieren und ihn somit zum Ursprung der tiefen Empfindungen zu machen. Es ist schön zu wissen, dass man mit dem Partner an seiner Seite diese Liebe fühlen kann, jedoch entspringen sie nicht dem Partner, er löst die Liebe nur aus. Solche weit verbreiteten Übertragungen können einengen und den Partner belasten oder überfordern. Die eigene Liebe sollte deshalb mit dem Gefühl des Geliebt-Werdens nicht verwechselt werden.

In einer Partnerschaft, von der Erfüllung und Gemeinsamkeit erhofft wird, ist der Mensch in der Lage, seine Liebesfähigkeit in ganz besonderer Weise zu entfalten. Man fühlt sich getragen von einem Menschen, so wie man es sich erhofft, einst von Gott selbst so getragen zu werden. Endlich ist die tiefe innere Einsamkeit überwunden, alle Sehnsucht ist gestillt und man kann glücklich sein. Doch wenn der Mensch sein Glück und seinen inneren Frieden nicht in sich selbst und somit in Gott gefunden – oder zumindest dieses Gesetz erkannt hat – kann er auf Dauer in keiner Beziehung wirklichen Halt finden. Er wird mitunter sogar von der geistigen Welt darauf hingewiesen, dass er keinem Menschen eine solche Verantwortung aufladen kann, sondern diese Verbindung mit dem Höchsten selbst anzustreben hat. Seine Verbindung zu Gott wird ewig existent sein und kann von nichts und niemandem wieder gelöst werden.

Manche Menschen tragen den Impuls in sich, ihre Persönlichkeit und eigene Entscheidungskraft fast völlig aufzulösen, um nur noch das zu tun, was der Partner von ihnen erhofft oder was man glaubt, für diesen tun zu müssen. Dann wird nicht nach der eigenen Inspiration gesucht, sondern nur noch die Entscheidungen des Partners als maßgebend anerkannt. Dies ist natürlich nicht der Weg der Befreiung, und die geistige Führung sorgt nicht selten dafür, dass ein Mensch mit einer derartigen Prägung in keine Partnerschaft geführt wird, bis er diese Aufgabe gemeistert hat. Die Welt oder andere Menschen sollten nicht die Verantwortung für Entwicklungen übernehmen, welche die höheren Kräfte im Einzelnen durchführen möchten.

In einer Partnerschaft sollten die Energien nicht verknüpft und vermischt werden, da sie sonst mühsam wieder gelöst werden müssen. Jeder Mensch hat seinen Weg zur höchsten Liebe alleine zu gehen. Ist ein Partner an seiner Seite, mit dem in Liebe und Achtung der Weg oder ein Stück von ihm gemeinsam gegangen werden kann, ist dies erfüllend und hilfreich. Jedoch sollte keiner vom anderen abhängig sein. Jede Seele hat ihre eigenen Lernaufgaben, hat ihr eigenes altes Karma zu verarbeiten und muss individuell reifen. In der Begleitung eines geliebten Menschen kann dies ein harmonisches Wachsen sein, werden jedoch die Lebenswege vermischt, kann keiner mehr seinen eigenen Weg sehen. Ist man zu sehr miteinander verflochten, nimmt keiner der beiden Partner mehr die individuellen Inspirationen der geistigen Welt wahr. Stets wird nur auf den anderen geachtet, aber nicht mehr auf sich selbst. Das geht vielleicht eine Weile gut, vor allem wenn einer der beiden Partner bedauerlicherweise seinen Weg ganz aufgibt. Wünschenswert und geistig sinnvoll ist jedoch nur ein gemeinsamer Weg, auf dem jeder einzelne Partner seine persönlichen Erkenntnisse gewinnen und seine Bewusstseinsprozesse durchlaufen kann. Eine fruchtbare Partnerschaft ist dadurch charakterisiert, dass der eine zwar dem anderen mitteilt, welche Erkenntnisse er für sich selbst und auch in der Wahrnehmung des anderen gewinnt, jeder jedoch in Freiheit, ohne Zwang, ohne Forderungen und ohne Schuldzuweisungen, seinen eigenen Weg gehen kann.

Liebe ist vielleicht das komplexeste menschliche Thema überhaupt. Jeder Mensch wird seine eigene Wahrheit über die Liebe erfahren, wird sie suchen, sie erleben und sich mit der Zeit immer mehr den höchsten Wahrnehmungsebenen der Liebe annähern. Es ist gegenwärtig schön zu sehen, dass die Liebe in der Menschheit nach vielen schmerzlichen Entwicklungen eine neue Qualität von größerer Freiheit, Toleranz, Offenheit und Hingabe erlangt hat.

Ein ganz besonderes Phänomen des globalen Erwachens von Liebe konnte man erleben, nachdem Ende 2004 die große Flut über weite Küstengebiete Asiens hereingebrochen war. Menschen, die weitgehend teilnahmslos in ihrem Alltag dahinlebten, wurden aufgerüttelt und fühlten in sich einen Impuls zu helfen. Menschen, die ansonsten eher geizig mit ihren Geldmitteln umgingen, empfanden in sich den Wunsch, die Flutopfern zu unterstützen. Wahre Nächstenliebe erfüllte sie. Es wurde sicher auch um der äußerlichen Aufmerksamkeit willen gespendet, und die Medien leisteten ihren Anteil dabei, doch in vielen Menschen brach eine Liebesfähigkeit auf, die ohne dieses Leid der Menschen nicht eingetreten wäre. Diese „Welle der Liebe“ überspülte die ganze Erde, und jeder, der berührt werden konnte und wollte, wurde von dieser Liebe angerührt. In einer Zeit globaler Vernetzung konnte die Liebe als Verbindungsenergie beobachtet werden, die auf der emotionalen Ebene die Herzen der Menschen verband.

II.

EHEN WERDEN NICHT IM HIMMEL GESCHLOSSEN

Der Hintergrund karmischer Beziehungen

Mancher mag sich hier die Frage stellen: „Was ist eigentlich der Himmel?"

Im Allgemeinen wird der Himmel als vollkommener geistiger Bereich betrachtet, in dem die Belange der irdischen Welt keine Bedeutung mehr haben. Der Mensch ist kaum in der Lage, die Majestät oder das wahre Sein dieser Ebenen wahrzunehmen, doch kann ihn eine Ahnung umfangen, welche Liebe oder Gottverbundenheit dort existieren muss. Jene Sphären sind das wahrhafte Leben und die Wirklichkeit des Menschen. Das Erdenleben ist dagegen eine Illusion, der Schein einer Wirklichkeit, die den einst von Gott abgefallenen Seelen den Heimweg erlaubt. Die Erde dient als Erkenntnisebene und Schulungsstätte. Auf ihr kann deutlich das Wirken des Eigenwillens und der negativen Energien erlebt werden. Der Mensch kann zur Zeit klar erkennen, dass ein Leben ohne die höchste Liebe keinen Bestand hat. Der Mensch wird krank ohne die innere Hinwendung an das Göttliche. So werden vermutlich in der Zukunft alle weltlichen Strukturen, Länder, Wirtschaftsgiganten und menschlichen Gebilde zerbrechen, wenn sie sich nicht auf das Gute ausgerichtet haben.

Die grob-materielle Ebene wird sich eines Tages in ihrer Gesamtheit auflösen können, wenn alle Seelen den Heimweg beschritten haben. Bis dahin ist sie zwar von Gott geführt, doch bleibt sie auch der Bereich, in dem dunkle Wesen ihr liebloses

Machtstreben erkennen können, das in Wahrheit auch nur ein Schrei nach Liebe ist. In den geistigen Ebenen existieren dann auch keine vergänglichen astralen Sphären mehr – nur Wahrheit, Licht und Gottverbundenheit.

In diesen Ebenen wirken erleuchtete Geistwesen und Engel. Darunter befinden sich aufgestiegene Seelen, die sich aus dem Ur-Fall zurückentwickelt haben, sowie Engel, die nie gefallen sind. Auch hier lässt sich die Wahrheit und der Umfang jener herrlichen Lichtreiche nur erahnen.

Aus Überlieferung und geistiger Wahrnehmung wissen wir, dass es eine Vielzahl von Dimensionen und Ebenen gibt, die sich in Richtung dieser höchsten Ebenen bewegen. „Meines Vaters Haus hat viele Wohnungen!" ist sicher ein Hinweis darauf, dass es sich hier um unermessliche Ausdehnungen handeln muss.

In den hohen Lichtsphären sind die Wesen in einer solchen Vollendung wahrnehmbar, dass sie nicht mehr als männlich oder weiblich eingestuft werden können. Es gibt in ihnen und um sie keine Dualität mehr, und ihre Ausstrahlung umfasst alle Existenz- und Seinsstufen. Nähern sich solche lichtvollen Wesen jedoch den irdischen Ebenen, nehmen sie für die Wahrnehmung des Menschen, da er nichts anderes als männlich und weiblich kennt, eine entsprechende Form an. Viele hohe Lichtwesen, die sich in den letzten zweitausend Jahren gezeigt haben, taten dies in einer männlichen Form, da eine Frau in den Augen der meisten Menschen vieler Kulturkreise keine Autorität besaß und somit auch kein Ansehen erlangt hätte. Auch wenn es den Frauen in der christlichen Kultur ähnlich ergangen ist, blieb in ihr jedoch aufgrund der alten Göttinnen-Anbetung, verkörpert in der Verehrung von Maria, der Mutter Jesu, teilweise eine Achtung des Weiblichen erhalten. Um den Bezug zu einer normalen irdischen Frau aber dennoch zu vermindern, wurde sie von der kirchlichen Dogmatik in den Status einer „unbefleckten Jungfräulichkeit" erhoben, indem sie Jesus ohne den körperlichen

Liebesakt empfangen hatte. Sie war somit absolut rein und nicht mehr mit anderen Frauen zu vergleichen!

Man sollte im Denken über die männlichen und weiblichen Prinzipien abrücken von den Vorstellungen, die allgemein von den Kulturen der letzten Jahrhunderte damit verbunden wurden. Männlich bedeutete Macht, kriegerisches Handeln, Härte, Durchsetzungskraft, Strenge, Gefühllosigkeit und Schmerzunempfindlichkeit. Als weiblich wurde die Hingabe an die Familie betrachtet, das Kochen, die Haushaltsführung, der Dienst für den Mann, Weichheit und gutes Aussehen. Doch mit den inneren Qualitäten von männlich und weiblich hat dies nur ansatzweise zu tun, und die Menschen der jetzigen Zeit sollten sich auf die ursprünglichen geistigen Prägungen besinnen.

Weiblich zu sein bedeutet unter anderem die Möglichkeit, auf der Gefühlsebene tief mit seinem Umfeld verbunden sein zu können; es bedeutet eine Öffnung für und eine Empfangsbereitschaft von liebevollen Energien. Weiblichkeit umfasst Verständnis, tiefe Nächstenliebe, die Fähigkeit, auf der Gefühlsebene Disharmonien auszugleichen, Liebe zur Familie und den Menschen allgemein, das Annehmen von Zuständen, ohne gleich zu kämpfen, und gleichzeitig auch die Kraft, eine Transformation negativer Energien vorzunehmen. Weiblichkeit ist empfangend und gebend, gefühlvoll und herzlich, ist intuitive Wahrnehmung des persönlichen und weltlichen Geschehens und Verständnis für die Mitmenschen. Das Weibliche kann das Sein auf der Herzensebene erfassen, sich dessen bewusst werden und über die Intuition eine Nähe mit der göttlichen Führung herstellen. Männlich zu sein bedeutet unter anderem die Handhabung einer großen Kraft, die in Harmonie mit dem Schöpferstrom viel bewegen kann. Männlichkeit beinhaltet Entscheidungsfähigkeit, Tatkraft und Bereitschaft zu Dienen, auch im Sinne der Selbstaufgabe für Gott. Die verwandelte Form der Aggressivität kann als Kreativität genutzt werden. Erfüllt von der schöpferischen Urkraft, kann der männliche Pol mitwirken, um die Schöpfung mit großem Einsatz ins Licht zu führen. Selbstverständlich sind diese Eigenschaften nur Ausschnitte des Potenzials, welches die männlichen und weiblichen Pole entfalten können.

Jeder Mensch, Männer wie Frauen, kann in sich alle diese Prinzipien und Urkräfte vereinen. Frauen sollten mit der männlichen Kraft auch für sich selbst einstehen, für sich selbst entscheiden, sich nicht unterdrücken lassen, sondern unabhängig sein, soweit es die Versorgung der Familie zulässt. In keinem Fall sollten sie sich selbst aufgeben für andere. Verliert die Frau ihren eigenen Energiestrom, kann sie auch der Familie nichts mehr geben. Die Familie erkaltet ohne das Herz in Form der weiblichen Energie; die männliche Energie dagegen trägt Tatkraft und Entscheidungsfähigkeit zur Harmonie des Ganzen bei.

Männer sollten in sich auch weibliche Prinzipien entfalten, die intuitive Wahrnehmung fördern und auf der Gefühlsebene das Leben erkennen lernen. Sie sollten sich darin üben, Energien aufzunehmen und wieder weiterzugeben. Weich zu sein bedeutet nicht, zu einem Jammerlappen zu werden. Die Liebe ist zwar weich, jedoch sehr wohl konsequent – und sie lässt sich nicht vermarkten.

Auch wenn der Mensch als männliches oder weibliches Wesen geboren wird, hat er noch lange nicht die jeweiligen Qualitäten in sich vollkommen entwickelt. Es sollte somit die Ausbildung der geschlechtlich eigenen sowie der gegenüberliegenden Qualitäten angestrebt werden, um diese zu erhöhen und zu integrieren.

Die Vorstellungsbilder, wie Männer und Frauen zu sein haben, sind in den letzten Jahrhunderten zu gewaltigen Feldern geworden, die den gesamten Planeten umspannen. Sie wollen von jedem Menschen erneuert und gelebt werden. Hat man in einer früheren

Inkarnation dieses Feld gestärkt und gefestigt, fällt es in diesem Leben mitunter sehr schwer, sich aus den alten Mustern zu befreien. Immer wieder holen sie den Menschen ein und wollen ihr Programm durchsetzen. Es stellt in der heutigen Zeit eine große Herausforderung für alle Menschen dar, diese traditionellen Felder aufzulösen und mit einer neuen Freiheit für Männer und Frauen zu imprägnieren.

Es ist schön zu sehen, wie dies in manchen Bereichen gelingt. Männliche und weibliche Prinzipien können im Menschen vereint werden, so dass die jeweiligen Aspekte zwar getrennt wahrgenommen und gelebt, jedoch auf dem Weg der Vereinigung ganzheitlich gefühlt werden. So kann man etwa in der Medizin erleben, dass endlich, nach langer Zeit, Frauen anders therapiert werden als Männer. Sie erfahren eine Gleichberechtigung in der Unterschiedlichkeit. Eine Frau hat einen anderen Stoffwechsel als ein Mann, sie verträgt Medikamente anders und benötigt eine entsprechend veränderte Medikation. Allein schon der meist vorhandene Gewichtsunterschied lässt die logische Schlussfolgerung zu, dass in den Beipackzetteln die Kilogrammunterschiede bei Schmerzmitteln unbedingt beachtet werden sollten. Manche Mittel greifen im weiblichen Organismus kaum, bei Männern wirken sie dagegen sehr schnell. Auch werden viele Schmerzmittel im weiblichen Organismus viel rascher abgebaut als bei Männern.

Die materielle Schöpfung baut von ihrer Anlage her auf dem Prinzip der Dualität auf. Für jeden Bereich, für alles, was existiert, ist ein entsprechender Gegenpol vorhanden. Dies dient der Erkenntnis und ermöglicht es dem Menschen, beide Bereiche zu erfahren. Die Sehnsucht nach Erfüllung drängt den Menschen vorwärts, das Glück einer harmonischen Verbindung lässt den Menschen die Nähe des anderen suchen.

Die Schöpfung wird durch das Prinzip der Dualität in einer Spannung und Dynamik gehalten. Die Lebenskräfte fließen durch die Materie in einem polaren Gefüge, erschaffen durch die göttlichen Gesetze. Das Leben entfaltet sich in der materiellen Ebene durch die Anziehungskräfte des weiblichen und männlichen Pols. Am Ende dieses Prozesses steht zwar die Vereinigung dieser Polaritäten, doch sind sie innerhalb der materiellen Ebene bedeutsam für die Heimkehr der gefallenen Schöpfung. Zeit und Raum manifestieren sich auch nur in dieser Ebene in der uns geläufigen Form und ermöglichen so die Gestaltung und Entwicklung der verschiedensten Aspekte des Seins.

Materie, wenn sie noch nicht von der Liebe durchdrungen ist, erscheint schwerfällig. Sie entwickelt keine Eigendynamik. Die Spannung aus dem Prinzip der Dualität hingegen ermöglicht Bewegung, Sehnsucht, Handlung und letztlich Heimkehr. So bauen sich etwa Muskeln, die im Leben eines Menschen nicht mehr gebraucht oder nach einem Knochenbruch nicht mehr durch den Lebenswillen bewegt werden, ab und bilden sich zurück. Materie, die sich auf dem Rückweg in die Feinstofflichkeit befindet, benötigt die Bewegung und den Tatendrang des anregenden Geistes.

Um die Schöpfung zu erhalten, wird auch für den notwendigen Ausgleich, für die Balance von Gut und Böse gesorgt. In vielen Bereichen scheint das Negative zu herrschen. Es versucht ständig, den Menschen in sein Wirkungsfeld zu ziehen und ihn zur Lieblosigkeit zu motivieren. Gleichzeitig kann jedoch der Mensch in seiner Liebe wachsen, kann erkennen, sich bewusst werden und dann von den dunklen Kräften in sich selbst nicht mehr überwältigt werden. Jede noch so kleine Schwäche wird zwar von den dunklen Einheiten als Einfallstor genutzt, wird dadurch aber auch deutlich. Dies stellt natürlich eine effektive Methode dar, um das gesamte Schwingungsfeld zu erkennen und zu durchlichten.

Materie *als solche* gibt es nicht. Alles Leben ist Energie in verschiedenen Dichtezuständen und folgt einer inneren Weisung. So ist auch der Mensch männlich und weiblich erschaffen, um sich zu erkennen und in innerer Harmonie aller Aspekte wieder ins Licht zurückführen zu können. Gleichzeitig wird durch die Möglichkeit der Fortpflanzung das Bestehen der Lebensformen gesichert. Die männliche und weibliche Form ist im irdischen Plan enthalten und besteht auch in den Astral- und Mentalebenen fort. Erst mit dem Ablegen der astralen und mentalen Körper löst sich auch die männliche und weibliche Formgestaltung auf.

Interessant ist zu beobachten, dass manche Seelenbereiche in den niederen astralen Ebenen, also in den Ebenen, in denen die Seelen aufgefangen wurden, nachdem sie aus der Liebe Gottes gefallen waren, aber das Inkarnationsrad noch nicht betreten hatten, ebenfalls noch keine Strukturierung in männlich oder weiblich aufweisen. Diese erhielten sie erst, als sie ihre erste Inkarnation antraten. Dann beginnen sich die verschiedenen Aspekte auszubilden, um nach dem Durchschreiten der Erfahrungswelt wieder in die Liebe aufgelöst zu werden. In den Astralwelten behalten die Seelenteile zwar ihr Geschlecht, jedoch ist eine Fortpflanzung nicht mehr vorhanden. Nur in der materiellen Welt wird die Erhaltung der Art auf diese Weise durchgeführt, da die Körper Wohnsitz der reinkarnierenden Persönlichkeiten sind.

Die Seelen in ihrer Urform, die in den kausalen Ebenen weilen, sind weder weiblich noch männlich. Die Seele ist androgyn, sie enthält jedoch so lange die männlich oder weiblich geprägten Anteile, bis diese in ihrer Erkenntnis die Ausprägung aus den Dualitäten beenden können und ins göttliche Licht zurückkehren. Sie haben dann das Rad der Wiedergeburt verlassen.

In der Regel sendet die Seele nur eine Persönlichkeit in der gleichen Zeitspanne auf die Erde. Sind es in seltenen Ausnahmen mehrere, leben sie in den meisten Fällen nicht innerhalb eines

Kulturkreises. Es gibt durchaus Seelen, die innerhalb vieler Inkarnationen ihren Weg Seite an Seite gehen oder bereits mehrere Partnerschaften in verschiedenen Leben gelebt haben, jedoch sind diese meist verschiedenen Seelenursprungs. Tiefe Liebe verbindet diese beiden, und sie sind bestrebt, etwaige Verwicklungen und energetische Verstrickungen aus früheren Leben zu lösen.*

Viele der Verliebtheits- und Zugehörigkeitsgedanken entspringen der tiefen Sehnsucht nach der vollkommenen Liebe. Der Mensch befindet sich in einer doppelten Dualität, in einer scheinbar doppelten Trennung. Zum einen ist er als Persönlichkeit getrennt von seiner Seele, zum anderen mit den entsprechenden Teilbereichen abgespalten von der Führung und Liebe zu Gott. Sind sich die Persönlichkeitsbereiche wieder ihrer Herkunft bewusst und löst sich nach dem Erdenleben die Bewusstseinsschranke auf, wird sich der Mensch wieder zu Hause fühlen, da er mit seiner Seele, aus der er entstammt, wieder vereint ist. Ihr Sehnen nach Gott wird jedoch so lange fortbestehen, bis sie seine Seinsebenen wieder erreicht hat, in der die Weiterentwicklung in Verbindung mit dem Göttlichen Geist erfolgt.

Das Erleben in den lichtvollen Seelenebenen ist in keiner Weise mit dem Gefühl von Getrenntheit vergleichbar, wie es die meisten Persönlichkeiten auf der Erde empfinden. Viele Menschen wissen in ihrem Inneren um die Liebe ihrer Seele und leiden mitunter große Schmerzen, da sie sich getrennt, abgeschnitten und ungeliebt fühlen. Diese Abtrennung ist jedoch notwendig, damit alle Teilbereiche des Menschen, angetrieben von ihrer Sehnsucht, den Heimweg antreten können. Es ist jene Sehnsucht, welche die Tore in die geistige Heimat öffnet und den lichtvollen Energien Einlass gewährt.

---

* Vgl. dazu: Manuela Oetinger, „Karma und Freiheit“, Grafing 2003

Hat eine Seele alle ihre Teilbereiche durch die Erkenntnisebene Erde zurückgeführt und alle energetischen Bindungen gelöst, können sich alle Bereiche wieder mit der Einheit der Seele verbinden. Das Rad der Wiedergeburt kann verlassen werden. Diesen Vorgang nennt man „*die mystische Hochzeit*". Es ist eine Vereinigung aller Seelenteile, die sich im weiteren Entwicklungsweg nie wieder auflösen werden. Jeder Teilbereich, auch wenn er sich lange Zeit in den Erfahrungswelten befunden hat, bleibt dennoch ein Teil der Seele, welche erst dann vollständig und heil ist, wenn alle Teile den Weg zu Gott wiedergefunden haben. In der geistigen Welt wird dieser Vorgang gefeiert und mit viel Liebe und Freude erfahren. Lichtwesen und Engel, welche die Persönlichkeiten der Seele mit ihren Teilbereichen immer wieder begleitet haben, freuen sich mit ihr und loben die Liebe Gottes. Es ist ein wunderschönes Gefühl, bei einer solchen Vereinigung anwesend zu sein. Die Liebe ist so überwältigend, dass man sich wünscht, nie mehr von ihr getrennt zu sein. Welche wundervolle Liebe könnte sich schon auf der Erde entfalten, wenn Menschen zusammen kämen und sich so bedingungslos aus Liebe für einen anderen Menschen freuen würden, wie dies in der geistigen Welt geschieht. Die gemeinsame Liebe und Freude stärkt die Seele und hilft ihr, alle Energien zu einen und auf ihrem Weg ins LICHT voranzuschreiten.

Die Vorbereitungen der verschiedenen weltlichen Erlebnisse, die eine Seele für ihre Persönlichkeiten plant, werden zwar von der Seele in der Kausalwelt getroffen, jedoch ausschließlich für das Erleben in den Erfahrungswelten. Die Seele plant für ihre Persönlichkeiten mit großem Einsatz und Liebe die jeweiligen Lebenssituationen, legt fest, in welchem Geschlecht die Inkarnation stattfinden soll, und berät sich mit all den Seelen, welchen die Persönlichkeit auf ihrem Erdenweg begegnen soll. Wenn beispielsweise zwei Menschen eine Familie gründen und zwei Kindern eine Basis bieten sollen, damit sie gemeinsam geistig wachsen können, wird ihr Eintritt in das Erdenleben meist nur im Abstand weniger

Jahre erfolgen. Sie befinden sich in einem ähnlichen weltlichen Alter. Mitunter kann diese Planung nicht eingehalten werden, und es entwickeln sich Partnerschaften, die einen Altersunterschied von zwanzig Jahren und mehr aufweisen. Deshalb sollte man sich eines Urteils enthalten, wenn sich zwei Menschen mit großem Altersunterschied lieben. Natürlich können solche Verbindungen auch den Hintergrund von Vater- oder Mutter-Konflikten aufweisen, was dennoch den Verarbeitungsprogrammen und der Befreiung der Seele dient.

Die Seele wählt für die jeweilige neue Inkarnation die entsprechenden Seelenanteile mit den verschiedenen Erfahrungswerten aus. In der jetzigen Zeit werden den Persönlichkeiten sehr viele lichtvolle und stärkende Eigenschaften mitgegeben, da im Gegenzug auch sehr viele alte karmische Belastungen aufgearbeitet werden sollen. Manchmal sind es viele kleinere karmische Verpflichtungen, die sich schnell und mit großer Geschwindigkeit im Leben eines Menschen einstellen können. Dann fühlt er sich mitunter überfordert, da er die Zusammenhänge nicht kennt, jedoch wird ihm nicht mehr zugemutet, als er auch verarbeiten und verkraften kann. Dieses zu wissen, ist sehr hilfreich, um auch in schweren Lebenssituationen nicht den Mut zu verlieren oder zu denken, die Karma-Verarbeitung käme niemals an ein Ende. Die gesamte Erde mit all ihren Schwingungsfeldern befindet sich im Moment in einer großen Wandlung. Viele Energiefelder sind in Bewegung, und da der Mensch mit allem verbunden ist, kann es nicht ausbleiben, dass er vielfach auch die Unruhe spürt, die um ihn herum vorgeht. Viele alte energetische Verwicklungen lösen sich.

Das Lebewesen Erde versucht sich selbst auch von alten energetischen Blockaden und Belastungen, geschaffen von menschlichen Emotionen und Gedanken, zu lösen. Auch diese Prozesse sind im persönlichen Energiefeld des Menschen wahrnehmbar.

Erdbeben, Seebeben, Vulkanausbrüche, Stürme und größere Erdverschiebungen haben auch energetisch Auswirkungen auf den Menschen. Ist er mit bestimmten Teilbereichen seiner Seele noch mit entsprechenden Strukturen verhaftet, wird er ganz besonders davon betroffen sein.

Das nachstehende Schema kann einen groben Überblick der Ebenen vermitteln. Die Größenverhältnisse dienen nur der Übersicht, sie entsprechen nicht der Realität.

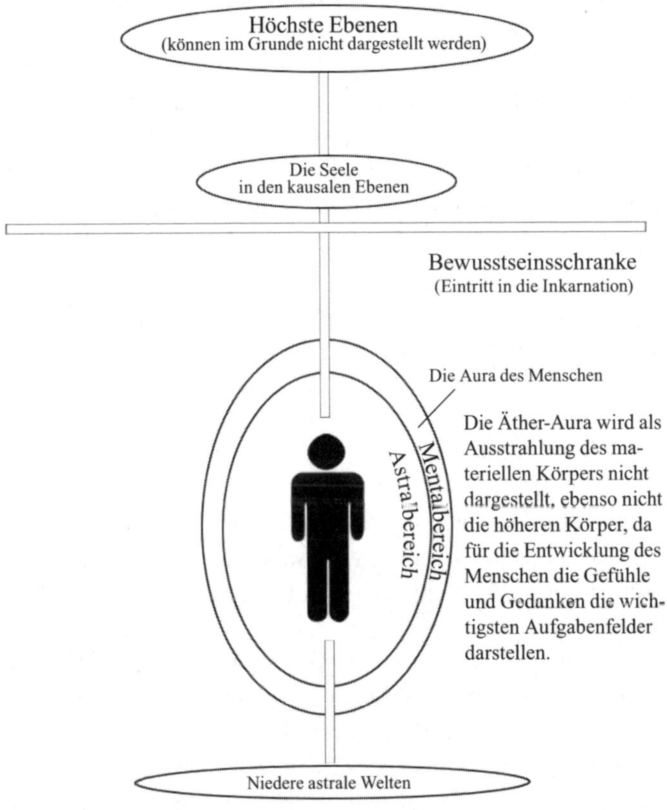

Wenn man die Entwicklungsstufe unserer Epoche betrachtet, wird klar, dass die Menschheit einen weiten und langen Erfahrungsweg hinter sich gebracht hat. Obwohl sich die Menschenkörper nicht aus dem Affen heraus entwickelt haben, sondern bereits zu Anfang ihrer Bestimmung als Träger von Menschen dienten, sind sie dennoch eng mit den tierischen Körpern verknüpft. Ein menschlicher Körper enthält alle Aspekte der tierischen Entwicklungsströme und alle Substanzen von Pflanzen, Mineralien und Spurenelementen, die sich auf diesem Planeten finden lassen. Die menschlichen Körper entstammen dem gleichen Schöpfungsstrang wie die tierischen und weisen daher viele Gemeinsamkeiten auf.

Aus den bisherigen Erkenntnissen vom Leben der Steinzeit-Menschen wissen wir, dass bereits damals vom Menschen aufgestellte Strukturen das Zusammenleben bestimmten. Die Frau gebar Kinder und konnte aufgrund ihrer Verpflichtungen für diese und wegen ihrer schwächeren Konstitution nicht für die Jagd eingesetzt werden. In welcher Weise die Frau den Mann für seine erlegte Beute ehrte oder der Mann die Frau für die Fähigkeit, Kinder zu gebären, lässt sich heute nur noch schwer nachvollziehen.

Sicher gab es auch Epochen auf diesem Planeten, in denen die Frau als Kämpferin ihr Leben fristete und die Männer als Untergebene betrachtete.

In der vorchristlichen Zeit wurde das Weibliche in vielen Kulturen als Ausdruck des Göttlichen verehrt. Manche Glaubensrichtungen, vor allem der frühe Tantrismus, sahen in der Vereinigung der Geschlechter einen wichtigen Schritt in der Annäherung an Gott.

Warum gerade nach Jesus von Nazareth patriarchale Dominanzen in solchem Ausmaß hervorbrachen, ist nur schwer nachzuvollziehen. Die Frau wurde von immer mehr Männern als Lustobjekt, als Dienerin und als Besitz behandelt, die keine Rechte einzufordern hatte. Da sich in einigen Rückführungen zeigte, dass auch manche Frauen in alten Kulturen die Männer als minderwertig betrachteten, sie unterwarfen und misshandelten, kann erahnt werden, dass die Unterdrückung und der Zorn auf das Weibliche vielleicht aus der ehemaligen Überheblichkeit des Weiblichen resultierte. Dies ist natürlich für keine Seite eine Entschuldigung, zeigt jedoch möglicherweise eine Ursache auf. Es könnte aber auch ein verborgener Sinn dahingehend dahinter stehen, dass sich das Weibliche mit der Stärke des Männlichen im Inneren verbinden muss, um so den eigenen Freiheitsdrang und die Ablösung zur Unabhängigkeit zu stärken. Das Männliche wiederum kann erkennen, dass ohne die Sanftheit und Intuition des Weiblichen eine harmonische Zukunft und eine effektive gemeinsame Entwicklung ebenso wenig möglich ist.

Alle Dogmen, Weltanschauungen, Glaubens- und Erziehungsmodelle sind Gebilde und Produkte von Menschen. Zwar wird alles Dogmatische immer geprägt und in seiner negativen und zwanghaften Forderung gefördert von dunklen Energien und Wesen, doch bleiben sie immer Produkt und Ergebnis menschlicher Schöpfung. Die dunklen Wesenheiten, die auf den Planeten Erde einwirken, benötigen den Menschen, damit sie von ihm emotionale und mentale Energien abziehen und verwerten können.

Wenn nun in einem Erdenleben zwei Menschen gemeinsam oder aneinander eine alte karmische Last abzutragen haben, ist dies das Resultat vergangener menschlicher Handlungsweisen und weltlicher Umstände. Die Seelenkräfte helfen zwar, durch neue Situationen einen Erkenntnis- und Lösungsweg zu finden, doch nur im Rahmen der bestehenden menschlichen Lebens- und Kulturbilder des Umfeldes der neuen Persönlichkeit. Das Erleben eines Menschen mit seinen Beziehungen ist einerseits das Resultat von Ereignissen und Taten einer früheren Inkarnation auf diesem Planeten sowie andererseits der allgemeinen Transformationsprozesse der Menschheit als Ganzes.

Die Aufarbeitung von karmischen Altlasten ist in Partnerschaften und Beziehungen oft der Grund, warum die beiden Menschen überhaupt zusammen sind. Wurden prägende Erlebnisse gemeinsam durchgestanden und schwierige Situationen vereint gemeistert, bildet sich häufig eine innere Verbindung. In solchen Fällen planen die Seelen wieder einen gemeinsamen Lebensweg als Partner, Familienmitglieder oder Freunde, um sich gegenseitig zu stützen. Es gibt zahlreiche Fälle, in denen Menschen einen langen gemeinsamen Weg mit bestimmten Seelen zurückgelegt haben. Sie sind sich meist sofort sehr nahe, was mitunter zu partnerschaftlichen Missverständnissen führt.

So traf ein verheirateter Mann eine Frau, zu der er sich sofort auf unergründliche Weise sehr hingezogen fühlte. Sie war die neue Freundin seines Bruders, und er spürte, dass auch sie beide ein sehr enges Seelenband verknüpfte. Sein Herz öffnete sich auch im gegenwärtigen Leben sofort für diese Frau. Er war besonders offen für diese Empfindung, da es mit seiner jetzigen Frau und den beiden Kindern gerade einige Vorkommnisse gab, die er noch nicht geklärt hatte, welche aber die Beziehung zu seiner Frau sehr beeinträchtigten. Er fühlte sich verloren und verlassen, und in genau diesem Zustand trat die andere Frau in sein Leben. Er hätte sich schon viel früher um die Belange seiner jetzigen Familie kümmern sollen, hatte dies jedoch immer wieder verschoben, da die Arbeit ihn so sehr mitnahm, dass er abends kaum mehr die Kraft besaß, noch etwas zu verändern. So wurde eine Klärung ständig hinausgeschoben.

Nun traf er diese Frau, die in einem früheren Leben einmal seine Frau und einmal seine Schwester gewesen war. Es lagen sehr positive gemeinsame Lebenswege hinter ihnen, und sein Erinnerungs-Unterbewusstsein war nur mit schönen Bildern bestückt. Doch war eine Beziehung in diesem Leben mit der neuen Frau in keiner Weise vorgesehen. Sie sollten sich treffen und diesmal in verwandtschaftlicher Atmosphäre ihre Wege beschreiten.

In solchen Situationen fällt es mitunter sehr schwer, die Gefühle zu sortieren und zu erkennen, dass hier nur eine Übertragung vorlag. Der Mann suchte in der Freundin seines Bruders die Erfüllung aufgrund ferner Erinnerungen, obwohl seine jetzige Frau, unter Einschluss der Lösung ihrer Konflikte, die richtige Partnerin sein sollte.

In Fällen wie diesem ist es wichtig, *nicht* dem ersten Ansturm der Gefühle zu folgen, sondern abzuwarten und erst einmal das zu meistern, was die Gegenwart an unmittelbaren Aufgaben vorgibt. Dies war für den Mann die Konfliktlösung mit seiner Frau. Glücklicherweise hatte er so viel Respekt und Achtung vor den Gefühlen seines Bruders, dass er seine eigenen Wünsche zurücknahm. So verlagerten sich seine Gefühle in sein Inneres. Er konnte mit der Zeit die Beziehung mit seiner Frau klären und spüren, dass er sie noch immer sehr liebte und ein Leben mit ihr für ihn angemessen war. Es schmerzte ihn zwar jedes Mal, wenn er seinen Bruder mit dessen Freundin sah, doch er nahm diese Gefühle einfach an. Er durchschritt die Gefühle des Verlustes und vertraute den Hinweisen seiner Lebensführung, die ganz klar aufzeigte, dass auch das Leben mit seiner jetzigen Frau sehr schön war.

Es ist oft der Fall, dass der Mensch, wenn sich Beziehungsschwierigkeiten ergeben und er sich nicht mehr so geborgen und getragen fühlt, wie er sich dies wünscht, sofort die Aufmerksamkeit nach Außen richtet, um baldmöglichst diesen Zustand des Schmerzes und des Sehnens zu beenden. Doch in den meisten Fällen liegt dann ein Lernprozess vor, eine Herausforderung, um mit der Lebenssituation umzugehen. Es ist dann wenig hilfreich, gleich aus einer Verbindung zu flüchten; denn hat man sein Lernziel in einer bestimmten Beziehung nicht erreicht, wird die geistige Führung sehr schnell wieder eine gleichartige Situation herbeiführen. Es ist für die Seele wichtig, dass ihre Persönlichkeit die Arbeit vollbringt, für die sie auf die Erde kam, und die vorgesehenen Prozesse annimmt. Es ist nicht ihr Ziel, jede Sehnsucht und jedes Verlangen gleich gestillt zu bekommen. Die Befriedigung von manchen persönlichen Bedürfnissen muss hinter die Entwicklung und Arbeit der Seelenteile zurücktreten.

In der heutigen Zeit tritt sehr oft die Situation ein, dass eine Beziehung aus den verschiedensten Gründen beendet wird. Dies liegt teilweise daran, dass wohl noch zu keiner Zeit die Menschen mit solcher Geschwindigkeit und Intensität karmische Lasten verarbeiten konnten. Hatte man früher an nur einem Ort gelebt, nur einen Beruf ausgeübt und kaum eine Reise unternommen, um Erfahrungen zu sammeln, so stellt sich dies heute völlig anders dar. Man kann an nahezu allen Orten der Welt seine alten karmischen Schulden begleichen, selbst wenn sie Jahrhunderte zurückliegen. Ob im alten Ägypten, in Griechenland, bei den Azteken oder den Ur-Christen – alle Möglichkeiten stehen offen. Wohl noch zu keiner Zeit waren die Seelen so gereift, dass ihre Persönlichkeiten die Möglichkeit wahrnehmen können, in kurzer Zeit zahllose Altlasten zu verarbeiten, lieblose Charaktereigenschaften zu transformieren und Bindungen an Orte oder Menschen zu lösen.

Es gibt viele Möglichkeiten der Befreiung von karmischen Altlasten. So trugen in einem Fall ein Mann und eine Frau beide noch eine alte magische Last mit sich, die intensiv ihr Schwingungsfeld beherrschte. In alten Zeiten waren sie bereits als Mann und Frau auf der Erde inkarniert, und beide waren auch in der Magie des Mittelalters sehr bewandert. Sie hatten machtvolle weltliche Positionen inne und strebten die Erhaltung dieser Stellung an. Zuerst setzten sie ihre Magie und die Sexualkraft ein, um alle Hindernisse zu beseitigen, die ihrem Zusammenkommen im Wege standen, aber auch um den angestrebten Partner zu bannen. Dann bemerkten sie innerhalb der Beziehung, dass ihr beidseitiges Machtstreben, den anderen zu dominieren, sehr ausgeprägt war. Jeder versuchte seine Interessen durchzusetzen, und so entstand ein regelrechter Krieg um die Vormachtstellung innerhalb der Beziehung und hinsichtlich der sie umgebenden Welt. Beide schreckten nicht vor dem Einsatz von Magie zurück und verstrickten sich so immer mehr in den betreffenden Energiefeldern. Es stellte sich im Laufe der Zeit heraus, dass die Frau die stärkere magische Kraft in sich trug, und sie konnte in immer mehr Bereichen den Mann beherrschen.

Nach diesem Leben erkannten die Teilbereiche der Frau, dass sie einer Pseudo-Macht gefolgt waren und dies niemals der wahre Weg sein konnte. Sie hatte die weltliche Macht voll ausgelebt und erkannte nun deren Illusionen und Leere. Fortan strebte sie intensiv nach den göttlichen Kräften und wurde eine große Mitarbeiterin für das Gute. Einige Teilbereiche des Mannes hingegen konnten sich nicht aus den Strukturen von Macht und Herrschaft lösen und strebten auch in den folgenden Inkarnationen die Unterwerfung und die Macht über andere Menschen an. Sie machten sich dabei zu nutze, dass der Glaube und das Streben der Menschen nach etwas Höherem sehr leicht missbraucht werden konnte, um sie zu unterdrücken. Der Mann übernahm die Rolle eines Gurus, und mittels seiner scheinbaren Religiosität konnte er viele Menschen täuschen. Mit heuchlerischer Liebe zwängte er seine Jünger immer mehr in seine Fänge und manipulierte sie.

Im gegenwärtigen Leben war es nun vor allem das Anliegen der alten Seelenteile der Frau, die alte Magie und die gebundene Sexualkraft wieder aufzulösen, um auch hier frei und ohne Einschränkung den geistigen Weg weitergehen zu können. Sie trafen sich wieder – sie als Frau und er als Mann. Sofort entstand eine heftige sexuelle Anziehungskraft, die von dem alten Feld der Sexualmagie ausgelöst wurde. Sehr bald zog sie zu ihm, und dann begannen die alten Auswirkungen einzusetzen.

Es ist sehr interessant zu beobachten, dass die Frau in diesem Moment scheinbar in der Opferrolle lebte, um alle ihre alten Anhaftungen zurückzunehmen, da sie diejenige war, die wahrhaftig eine Auflösung anstrebte. So konnte sie sich aus den alten Feldern entfernen und befreien, obwohl er dazu noch nicht bereit war. So verfiel sie bald in eine starke Abhängigkeit zu ihrem Mann. Sie tat alles, was er wollte. Sie verbrannte auf seine Anweisung hin alle ihre alten Bilder und löste fast vollständig den Kontakt zu ihren Eltern und Freunden, was es dem Mann immer mehr ermöglichte, die alleinige Herrschaft und einen vollständigen energetischen Einfluss auszuüben. Genauso wie es innerhalb einer Sekte darum geht, ein Mitglied völlig in den Einflussbereich der Gruppe zu zwingen, wirkten die Energien des Mannes auch in seiner Ehe. Er machte mit klugen Worten und scheinbar spirituell sehr ausgewogenen Forderungen alle Menschen schlecht, mit denen die Frau zuvor Kontakt hatte. Sie ging eine Weile völlig unter in dieser Bevormundung, was für ihre Familie und Freunde die wahre Hölle war. Sie bemerkten von außen den unguten Einfluss und erlebten, wie sie selbst aus dem Leben der Frau hinausgedrängt wurden.

Doch immer deutlicher spürte die Frau in ihrem Inneren eine große Angst und bemerkte, dass diese Angst von dem Mann an ihrer Seite ausgesandt wurde, um sie zu unterdrücken und unter Kontrolle zu halten. Alle ihre Vorhaben und selbst ihre Meinungsäußerungen verwarf er sofort wieder und zwängte sie auf einen anderen Weg, damit unter keinen Umständen etwas von dem verwirklicht werden konnte, was die Frau wünschte. Energetisch wurde sie so immer mehr ausgesaugt, und ihre Kräfte gingen allmählich auf den Mann über. Dies geschah genau bis zu einem bestimmten vorgeplanten Zeitpunkt, an dem die Umkehrung einsetzte. Sie begann sich innerlich zu befreien, was bei ihrem Mann noch einmal zu einer heftigen Gegenreaktion führte. Dann wurde der Mann durch äußere Dinge abgelenkt, die seinem Machtstreben entsprachen, und er bemerkte die innere Ablösung der Frau in der Folge gar nicht mehr. Die alte karmische Abhängigkeit und Unterwerfung war für die Frau abgelitten und ihr Karma „verbrannt“. Diese Entwicklung ermöglichte es ihren geistigen Helfern, ein neues Leben für sie vorzubereiten. Bald danach gelang es ihr, sich von diesem Mann zu lösen und einen Neuanfang zu beginnen, der von ihrer Führung bereits vorbereitet worden war.

Aus diesem Beispiel lässt sich ersehen, dass ein Mensch, der offensichtlich in diesem Leben schwer leidet, eine alte karmische Last abzutragen hat, manchmal mit, manchmal ohne das Gegenüber, mit dem die Situation durchlebt wird. Ist das Karma abgegolten und die inneren Vorgänge in die Liebe geschwungen, vollzieht sich automatisch die Auflösung der Situation. Die geistigen Gesetze erlauben es einem Menschen, sich von einem anderen zu lösen, auch wenn dieser nicht dazu bereit ist, wenn das Karma ausgeglichen ist. Die Waagschalen des Karma neigen sich zu Gunsten desjenigen, der sich der Liebe zuwendet, und ermöglichen es ihm, sich aus einer Bindung zu lösen. Am Beispiel von zwei sich verhakenden Fingern kann man sich dies gut verdeutlichen. Nimmt man beide Zeigefinger mit angehobenen Ellenbögen, verhakt die gebeugten Zeigefinger locker ineinander, dreht dann beispielsweise den rechten Ellenbogen nach unten und nimmt auch den Finger mit in die Beugung, bewegt sich automatisch der Zeigefinger weit unter den Haken des gegenüberliegenden Zeigefingers und kann sich locker befreien. Dann haben Demut und Bewusstsein die Befreiung erreicht – und nicht der Kampf. Dieser löst niemals Probleme und Verbindungen auf, sondern die Verstrickung würde nur noch größer werden. Bewusst konnte die Frau diese Hintergründe erst nach vielen Jahren erkennen, doch auf den inneren Ebenen vollzog sich die Ablösung unmittelbar.

Es gibt Teilbereiche im Menschen, die man durchaus als *zerstörerisch* bezeichnen kann. Der Mensch trägt dann Seelenteile in sich, die in einer früheren Inkarnation meist sehr schlimme Dinge erlebt haben. Krieg, Folter, Gefangenschaft, Verlassen-Werden oder der gewaltsame Tod von Familienmitgliedern können der

Hintergrund sein, warum die damalige Persönlichkeit eine große Wut auf das Leben entwickelte. Nicht selten kommt Hader mit Gott dazu, was die Verarbeitung beträchtlich erschwert. Der Mensch neigt dazu, Schmerzen, die für ihn unerträglich erscheinen, dadurch zu unterdrücken, dass er einen Hass aufbaut, mit dem er sich ablenken kann. Dieser fordert zumeist seine ganze Energie. So steckt hinter dem Hass ein großer Schmerz, der meist von der jetzigen Persönlichkeit nochmals verdrängt wird. Doch kann eine Auflösung nur in der Annahme geschehen, was zu mancher leidvoller Situation führt.

Auch in Partnerschaften versuchen alte Teile ihr Programm zu rechtfertigen, indem sie dem Menschen immer wieder vormachen, dass um sie herum nur Schlechtes geschieht. Auch das nagende Gefühl von Eifersucht rührt meist daher, dass diese Menschen in einem früheren Leben sehr verletzt worden sind, darüber in großen Zorn verfielen und diese alten Gedankenformen nun versuchen, das Programm aufrechtzuerhalten, um weiter in diesem Schwingungsfeld existieren zu können. Dann sind diese Teilbereiche von ihren Emotionen und Gedanken so beherrscht, dass der Mensch darüber keine Kontrolle mehr besitzt. Situationen werden von diesen Kräften so verfälscht, dass sich der neutrale Beobachter fragt, wie man sich denn so etwas einbilden konnte. Der Betreffende sieht aber das Geschehen wie durch eine Brille, deren Gläser von diesen alten Prägungen gefärbt sind.

Auch hier ist es dann wieder der Schmerz und die leidvolle Situation, die den Menschen für die Verarbeitung mobilisieren und ihm aufzeigen, dass hier etwas nicht im Einklang mit den Gesetzen des Lebens steht.

Es bieten sich zur Zeit nahezu unbegrenzte Möglichkeiten der karmischen Ablösung für alle Menschen – und sie werden auch genutzt. Viele geistige Wesenheiten stehen dem Menschen zur Verfügung, um diese Verarbeitungen möglichst effektiv und von der geistigen Welt getragen durchzuführen. So erfordert manchmal die Loslösung verschiedener karmischer Lasten auch einen Wechsel in Beziehungen. Mitunter werden mehrere Partnerschaften gewählt, da mit verschiedenen Partnern noch karmische Konflikte abzutragen oder seelische Qualitäten zu erlernen sind.

So heiratete eine Frau genau den Mann, der sie in einem früheren Leben geschlagen und verstoßen hatte. Mehrere karmische Verbindungen und angehäufte Emotionen bedurften der Auflösung, und neben dem Auflösen alter Lebensvorstellungen sollten auch bestimmte Teilbereiche der Frau Vergebung erlangen. Dieser Mann war mit seinen Seelenteilen in der Zwischenzeit sehr gereift und strebte eine wirkliche Auflösung dieser alten Schuld an. Der Frau war auf der Seelenebene dieser Umstand bewusst, und sie wollten die Auflösung gemeinsam erreichen. Das Leben auf diesem Planeten war stets voller Gewalt, und auch die Frau selbst war nicht frei von alter Aggression und falschen Vorstellungen.

Sie führten eine gute Ehe, und sie gebar eine Tochter, die sie beide sehr liebten. Dennoch hatten der Mann und auch die Frau noch weitere Aufgaben in ihrem Leben zu bewältigen, und es kam eine Zeit, in der sie sich einfach nicht mehr verstanden. Ihre Interessensgebiete trennten sich unüberbrückbar. Was der Frau Freude bereitete, war für den Mann eine Plage.

Vor allem die Frau fühlte in ihrem Inneren sehr genau, dass ihre gemeinsame Zeit vorüber war. Sie strebte eine andere Beziehung an und sah auch keine Veranlassung mehr, mit ihrem Mann noch weiter zusammenzuleben. Frauen ergreifen immer öfter die Initiative und beenden eine Beziehung, die der Mann noch viel länger hingenommen hätte. Es ereigneten sich einige unschöne Momente, und sie wusste nicht, was sie beide noch verband. Der Schmerz, den der Mann in diesem Moment fühlte, brach noch den letzten Rest der alten Schuld auf, und als er dies annehmen konnte, war alles alte Karma aufgelöst. In diesem Fall war eine Trennung für den

Lebensweg angesagt, und sie erfolgte nicht aus Flucht, illusionärer Sehnsucht oder sonstigen ungelösten Konflikten.

Die geistige Führung kann nicht auf eine Tafel im Schlafzimmer schreiben, der Mann oder die Frau möge nun die Beziehung beenden, da eine weitere Verarbeitung anstehe, sondern sie wird immer versuchen, auf der inneren Ebene diese Information zu übermitteln. Da die geistige Wahrnehmung jedoch in vielen Fällen nicht klar ist, bedarf es meist einer äußeren Situation, damit erkannt werden kann, dass der jetzige Umstand geändert werden soll. So stellen sich Unverständnis und Verwirrung ein, welche aufzeigen, dass etwas verändert werden muss. Geschieht diese Erkenntnis nicht mit groben Emotionen, sondern in Ruhe, kann man den inneren Weisungen meist Folge leisten. Probleme und geistige Aufgaben zeigen sich zwar auch auf diese Weise, was immer beachtet werden sollte, jedoch kann man mit der Zeit herausfinden, ob innere Emotionen wirken oder eine Beziehung von ihren Grundvoraussetzungen her nicht mehr stimmt.

Ein sehr bedeutungsvolles karmisches Feld ist das *Feld der weiblichen Unterdrückung*. Bis zum Anfang des 20. Jahrhunderts war es einer Frau kaum möglich, ihr Leben zu gestalten, ohne verheiratet zu sein oder in ein Kloster zu gehen. Ihr Ansehen war abhängig von einer Heirat und auch vom Gebären von Kindern. Viele Männer unterdrückten ihre Frauen, und diese konnten sich in keiner Weise wehren, da sie nicht wussten, wovon sie leben und wie sie ohne Ehemann überleben konnten.

Aufgrund gesellschaftlicher Konventionen war es in früherer Zeit nur schwer möglich, sich aus einer Ehe zu lösen. Deshalb spielten sich teilweise grausame Szenen ab, die aus dem Hass aufeinander resultierten und aus der Unmöglichkeit, sich zu trennen oder andere Wege zu gehen. Um in der Gesellschaft nicht verachtet zu werden, wurden Ehen weitergeführt, die als Basis nur noch den blanken Hass kannten. Es liegt auf der Hand, dass sich hieraus karmische Belastungen ergaben. Nicht selten werden Beziehungen zusammengeführt, damit der alte Hass abgelegt werden kann, und erst nach der Entfaltung von Liebe und Mitgefühl für den anderen kann eine solche Beziehung aufgelöst werden.

Da fast alle Menschen noch Teilbereiche in sich tragen, die zu lernen oder auch karmische Altlasten abzutragen haben, sind die meisten Beziehungen unter diesem Gesichtspunkt zu sehen. Meist wird genau der Partner gewählt, der dem Menschen die Charakterzüge spiegelt, die er auch in sich noch zu verarbeiten hat. Nicht selten spielen auch alte Liebeszauber eine Rolle. Eine alte Liebes-Magie kann auf der emotionalen Ebene eine derartige Bindung auslösen, dass sie über mehrere Inkarnationen Bestand hat. Die Auswirkungen einer solchen alten Liebes-Magie sind meist deutlich auf der Empfindungsebene wahrzunehmen. Nicht selten gehen sie mit Energien einher, die den anderen in eine große emotionale Abhängigkeit bringen. Die Sehnsucht wird auf der innere Ebene geweckt, indem alle Bedürfnisse des Menschen auf einen Impuls zentriert wurden. Alle Bedürfnisse und die Illusion der Erfüllung aller Wünsche wurden durch magische Rituale an eine bestimmte Person gebunden, und der magisch beeinflusste Mensch hatte dann das Gefühl, nur die Person zu lieben, von der die Magie ausgeübt wurde.

Die Verursacher einer solchen alten Magie haben sich in ihrem Inneren heute inzwischen möglicherweise der Liebe zugewandt und nehmen nun ihre einst aufgebaute magische Struktur selbst wieder an. Dann wirkt plötzlich eine gewaltige Energie auf sie und wirft den Menschen aus seiner Bahn. Dann findet man Beziehungen, in denen keiner gehen kann, obwohl beide nur leiden und oft nicht wissen, wie es weitergehen soll. Doch auch diese Verarbeitung und Bindung wird mit der Zeit abgetragen, da in jeder sich abspielenden Situation im Leben ein Teil der alten Energie abgebaut wird. Das Leid und später die Erkenntnis der Liebe lösen die Fesseln.

Mitunter sind es sogar beide Partner, die in dieser Richtung Karma abzulösen haben.

Je eher die Partner sich auch in dieser unangenehmen Situation liebevoll begegnen können, umso eher kommen sie frei. Dann müssen sich viele Erlebnisse und Schmerzen gar nicht abspielen, da die innere Annahme und die Liebe die alten Bande beträchtlich schneller ablösen wird. Lichtvolle Wesen helfen in einem solchen Erkenntnisprozess mit, um die alten Energien aufzulösen.

Auch hier wird deutlich, dass der Streit niemals der Weg sein kann. Streit rührt immer daher, dass man Recht haben will. Der Eigenwille kämpft um sein Recht. Man sollte stets seine Bedürfnisse darlegen, jedoch nicht mit Streit und Hader. Fühlt man solche Energien in sich, wird deutlich, dass eigenwillige Teile am Wirken sind. In vielen Beziehungen laufen solche Streitigkeiten lange Zeit unbewusst und in immer gleicher Weise ab. Schließlich setzt mit der Zeit das Erkennen ein, dass immer nur das gleiche Schema abläuft, und dann kann man innerlich reagieren. Als nächster Schritt spielt sich die Streitenergie dann nur noch emotional ab, da sie nicht mehr ausgelebt wird. Die Liebe und das Erkennen, das Bewusst-Sein, übernimmt den Konflikt. So hat der Mensch die Möglichkeit, alle alten Gedankenformen wieder aufzulösen.

Manchmal treffen sich auch zwei Menschen, die bereits eine sehr liebevolle Beziehung zueinander in früheren Leben hatten und die eine innige Seelenverbindung eint, und sie gehen, um gemeinsam vorwärts zu schreiten, wieder eine Beziehung ein. Sie sind somit frei von jeder karmischen Belastung zueinander, was jedoch nicht gleichzeitig aussagt, dass sie keine Aufgaben haben, um zu reifen und bestimmte Seelenqualitäten zu entwickeln, damit sie bewusster in ihrem Leben voranschreiten können. Auch solche Beziehungen sind manchmal von harter Arbeit begleitet; jedoch durch den gemeinsamen Willen, an den eigenen Fehlbarkeiten zu wachsen und daraus zu lernen, kann eine sehr liebevolle und inspirierende Beziehung entstehen. Es kann eine Verbundenheit und ein Vertrauen gefunden werden, in denen durch die gemeinsame Liebe neue Wege geöffnet werden.

Manchmal tritt auch der Fall ein, dass eine Beziehung entsteht, die aus einer karmischen Belastung resultiert. Wenn dann beide Seiten diese alte Last transformiert haben, kann sich eine freie Beziehung entfalten und tiefe Nähe und gemeinsames Vorwärtsgehen können einsetzen. Das sind sehr gute Voraussetzungen für ein liebevolles Voranschreiten auf dem geistigen Weg, bei dem Karma von der Liebe erlöst wurde.

III.
BEZIEHUNGEN UND GEISTIGES WACHSTUM

Es ist sehr schwer, etwas erkennen und verwirklichen zu wollen, was man in keiner Weise zuvor erlebt und gefühlt hat. Beziehungen sind ein wichtiger Schlüssel für inneres Erwachen und geistiges Wachstum, da in ihnen und durch sie das gesamte Spektrum menschlichen Miteinanders erlebt und erfahren werden kann. So stecken im Menschen sowohl das Potenzial der Liebe, welches in Beziehungen geweckt und erfahren werden kann, als auch jene Charakterzüge, die es noch in die Liebe auszurichten gilt. Dabei geht es nicht nur um die Betrachtung der Geschehnisse im Äußeren, sondern vor allem um die Gefühlszustände, die im eigenen Inneren erlebt werden. Das „Hin-Hören“ und das „Wahr-Nehmen“ sind die Schlüssel für Erkenntnis und Verwandlung.

Die Außenwelt spiegelt dem Menschen uneingeschränkt und deutlich, wenn er sich nicht in Harmonie mit seinem Inneren befindet oder Charakterzüge vorhanden sind, die transformiert werden sollen, da er sonst in alten Energien verharrt oder sein Weiterkommen behindert wird.

Oft sieht man die großen Taten oder Entwicklungen auf diesem Planeten getrennt von den Gegebenheiten im Alltag. Doch sind diese eng miteinander verbunden. Viele Handlungen der sogenannten Mächtigen auf diesem Planeten sind von der privaten Situation in ihrem Alltag abhängig. In früheren Zeiten wurden ganze Völker aufgrund der persönlichen Liebschaften ihrer Herrscher in den Krieg geführt. Es wurden ganze Länder versklavt wegen der persönlichen gegenseitigen Abneigung ihrer Führer. Es wurden Reiche überfallen oder unterjocht, damit die Kinder ebenfalls ein Reich als Herrscher zugeteilt bekommen konnten. Die Bandbreite der persönlichen Hintergründe als Basis für weltliche Vorgehensweisen ist kaum auszuloten. Jeder Mensch wird aufgrund eigener Erfahrungen sein Leben planen und leben. Er wird von Streitigkeiten geprägt und verärgert sowie von der Liebe inspiriert.

Nicht umsonst sehen es viele Bürger gerne, wenn ihre Politiker verheiratet sind und eine stabile Familie vorweisen können. So werden sie scheinbar nicht in ihren Entscheidungen von wechselnden Sexualpartnern beeinflusst oder verbrauchen viel Energie, um sich ausgeglichen zu fühlen oder auf Partnersuche zu sein. Die Aufmerksamkeit kann so voll für die Regierungsaktivität eingesetzt werden. Die Befindlichkeit wird vom Privatleben beeinflusst.

Ein oft wahrnehmbarer Wesenszug des Menschseins zeigt sich beispielsweise darin, die negativen Emotionen und den Stress auf das Umfeld abzuwerfen. Besonders trifft das zu für Menschen, die sich in einem Familienverbund oder in einer engen Bindung befinden, da sie nicht gleich befürchten müssen, dass sie verlassen werden. Sie erwarten die Übernahme ihrer Negativität, und es interessiert sie in diesem Moment nicht, wie ihr Gegenüber damit umgehen kann.

Am Anfang einer Beziehung kann man oft erleben, dass sich die Partner besonders anstrengen, um sehr liebevoll und achtsam auf das Gegenüber zu wirken. Um überhaupt den begehrten Menschen an seine Seite zu bekommen, also in der „Werbephase“, zeigt man ihm am Anfang nur seine Sonntagsseiten. Man kennt ihn noch nicht wirklich und möchte gut vor ihm dastehen. Die Gefahr, den Menschen wieder zu verlieren, ist besonders groß, wenn eventuelle schwierige Wesenszüge deutlich würden, solange man sich noch nicht wirklich gebunden hat.

Wenn man ganz ehrlich zu sich selber ist, hat man bestimmt selbst schon in besonderen Stresssituationen oder unter großer Anspannung seinem Partner, seinen Kindern, den Eltern oder Freunden diese ungute Seite gezeigt. Es tut einem danach Leid um den Ausbruch und man entschuldigt sich. In einem gesunden Umfeld kann dies durchaus toleriert werden, vor allem dann, wenn ansonsten ein Bemühen um ein liebevolles Miteinander im Vordergrund steht. Jeder Mensch kann manchmal mit seinen Emotionen nicht in der Art und Weise umgehen, wie er es sich wünscht, doch sollte auch die Bereitschaft vorhanden sein, im Gegenzug dem anderen seinen Ausbruch zu verzeihen. Lieblos wird solches Verhalten vor allem dann, wenn die Menschen annehmen, dass das Umfeld sogar die Pflicht habe, die unguten Emotionen, den Stress und den Zorn abzubekommen und klaglos hinzunehmen. Solche Menschen fühlen sich meist nicht bestätigt und in ihrer Art angenommen und geben dem Umfeld die Schuld dafür. Es ist leichter, den anderen die Schuld zu geben, als die Ursache bei sich selbst zu suchen.

Hier kann man zusätzlich zum menschlichen Handeln auch ein altes Feld beobachten. In früheren Zeiten waren sich die Menschen ihres Partners meist sicher, sobald sie einmal verheiratet waren. Zuerst zeigten sie großes Bemühen in der Werbephase, denn so vielen Menschen zu begegnen, wie dies heute der Fall ist, war in früherer Zeit nicht gegeben. Man war froh, einen einigermaßen passenden Partner gefunden zu haben, sofern nicht die Eltern schon seit langem die Beziehung vereinbart hatten. Männer wurden nicht selten über die Sexualkraft, welche die Frauen ihrerseits mittels weiblicher Reize einsetzten, um den ausgewählten Mann zu bekommen, in eine Ehe gedrängt. Frauen wurden häufig auch von den Eltern verheiratet. Heirateten sie nicht, blieb ihnen meistens nur das Kloster.

Stellte man dann fest, dass man sich in der Ehe eigentlich gar nicht verstand oder zeigte man im Alltag mit der Zeit seine schlechten Seiten, setzten oft große innere Ablehnung und Zorn ein. Da eine Trennung in früherer Zeit nur schwer möglich war, häuften sich mitunter große emotionale und gedankliche Belastungen an. Nicht selten taucht nun unerwartet, im jetzigen Leben, nach der Heirat das gesamte alte karmische Paket wieder auf. Manchmal setzen schon bei dem Wunsch, heiraten zu wollen, die angehäuften karmischen Energien ein. Das hält manchen Menschen in diesem Leben von einer Heirat ab. Auch der Wunsch nach Zusammenleben kann durch solche alte Prägungen blockiert werden.

Bei Männern kann man manchmal beobachten, dass sie sich von dem alten Männlichkeitsfeld prägen lassen und auf ihre Frauen den Stress und den Unmut ihrer Arbeitswelt abladen. Dann kommt der Ehemann nach Hause und fährt bei der kleinsten Gelegenheit die Frau oder die Kinder an. Er wurde von seinem Chef herumkommandiert oder nicht befördert oder die täglichen Anforderungen sind so groß, dass er glaubt, diese nicht bewältigen zu können. Er weiß sich nicht anders abzureagieren, als diese Energien auf seine Frau abzuwälzen. Vielleicht mag sie etwas getan haben, was den Unmut des Mannes scheinbar hervorgerufen hat, doch ist der Hintergrund in dem Übermaß an angestauter Energie im Mann selbst zu sehen, der vom Arbeitsstress überfordert ist. Wenn man sucht, kann man sicher immer etwas zum Nörgeln finden.

Ein altes Muster drängt manche Männer immer noch in die Rolle, dass sie das Recht zu haben glauben, nach Hause zu kommen und sofort alles einfordern zu können, was sie sich vorstellen. Das Essen hat auf dem Tisch zu stehen, und die Frau hat zu Hause zu sein, wenn der Mann das Haus oder die Wohnung betritt. Sie fühlen sich in der Rolle des Versorgers und Herrschers und in jedem Fall im Recht, da sie das Geld nach Hause bringen. Sie vergessen das Recht der Frau und folgen den alten Strukturen. Sie denken nur an sich und halten ihre Aussprüche für absolut berechtigt. Glücklicherweise stellt sich dieses Feld in der heutigen Zeit sehr schnell um, und ein gleichberechtigteres Miteinander beginnt sich abzuzeichnen.

Im Gegenzug wirkt auch ein Feld über den Frauen, damit sie glauben, wenn der Mann von der Arbeit nach Hause komme, müsse er noch zusätzlich mit der ganzen Last ihres Alltags beladen werden. Sie erkennen gar nicht, dass er vielleicht völlig erschöpft ist und eventuell unter Angst vor Arbeitslosigkeit leidet oder dem Druck seiner Vorgesetzten ausgesetzt war. Sie erwarten trotz seiner Abgeschlagenheit sofort seine volle Aufmerksamkeit und fordern diese ohne Unterlass. Dazu möchte sie gelobt werden für den Einsatz, den sie den ganzen Tag geleistet hat. Sie lässt ihm keine Zeit zum Ausklingen der belastenden Arbeitswelt-Energien und überlädt ihn völlig. Versucht er dann Luft zu holen, wird ihm mangelndes Interesse vorgeworfen. Solche Frauen fühlen sich stets nicht genügend gewürdigt in ihrer Arbeit und vernachlässigt. Doch kümmern sie sich selbst um die Bedürfnisse ihres Mannes? Sie fordern nur und verfügen selbst über wenig Mitgefühl. Hier kann man erkennen, dass diese Frauen ihr eigenes Wohlergehen vom Lob und der Anerkennung des Mannes abhängig machen. Sie tun meist nichts für sich selbst, ärgern sich dann darüber und projizieren diesen Ärger unbewusst nochmals auf den Partner. Kann solch eine Frau dann das Gefühl von Unzufriedenheit nicht über das Lob des Mannes ausgleichen, entsteht weiteres Unbehagen und zusätzliche Frustriertheit in ihrem Inneren. Hier kann man deutlich erkennen, dass der persönliche Energiebedarf nicht aus der eigenen Innerlichkeit gedeckt wird, sondern von außen, über den Partner geholt wird.

Eine gute Beziehung und ein liebevolles Miteinander sind nicht das Ergebnis der Erfüllung von alltäglichen Pflichten. Dies gehört zwar zu einem harmonischen Zusammenleben dazu, doch ergibt sich die wahre Verbindung und Tiefe nicht aufgrund äußerer Fertigkeiten. Wird der Partner nach einem harten Arbeitstag einfach nur in den Arm genommen und fühlt sich verstanden, indem man vielleicht einen Moment nur stehen geblieben ist und sich in die Augen gesehen hat, kann viel Nähe und Harmonie wachsen. Dann spielt es keine Rolle mehr, ob eine aufgebackene Tiefkühlpizza auf dem Tisch steht oder ein Vier-Gänge-Menü.

Bereits einige Sekunden des Fühlens der gemeinsamen Liebe, etwa indem man sich bei der Begrüßung ganz bewusst und zärtlich etwas länger festhält, kann ein großes Maß der angestauten Stressenergie beider Partner auflösen. Das Zusammenschwingen in Liebe verstärkt die Transformationskraft, und die Heilung von Spannungen kann beginnen. Ganz automatisch setzen dann einige tiefe Atemzüge ein, und der Stress des Alltags kann sich auflösen. Wir leben in einer so hektischen Zeit, dass man die notwendigen Phasen der Ruhe und Gemeinsamkeit sehr oft vergisst. Die Anforderungen des Alltags und der häuslichen und familiären Pflichten sind groß, und bei dem gefühlten Zeitmangel vermag man sich oft diese Zeiten des gemeinsamen Aufatmens nicht mehr zu geben. Es wartet bereits die Arbeit im Waschraum, im Garten oder im Verein, und eine Einladung steht auch an. Je mehr der Mensch jedoch im allgemeinen Lebenswirbel gefangen ist, umso schwerer wird es, aus dieser Unruhe wieder herauszukommen. Dann muss oftmals ein schmerzliches Geschehen das Zurückwerfen auf die wichtigen Dinge im Leben herbeiführen. Zeiten stiller Gemeinsamkeit könnten hier heilsam sein.

Auch innerhalb einer sehr liebevollen Beziehung kann es immer wieder vorkommen, dass einer der Partner, von Stress geplagt, seinen Unmut auf den anderen ablädt. Dann ist Verständnis von diesem gefragt, um nicht darauf zu reagieren, sondern die Energie verpuffen zu lassen, bis wieder Beruhigung eingekehrt ist. Fremde Energien, die in vielfacher Form um den Menschen herum existieren, versuchen mit Vorliebe bei gestressten Menschen Aggressionen hervorzurufen. Noch unerlöste Teilbereiche des Menschen werden benutzt, um einen handfesten Streit zu aktivieren. Da kaum ein Mensch mit seinem ganzen Wesen in der Liebe schwingt, ist in Stressmomenten eine Fremdmanipulation möglich. Diese Fremdenergien ernähren sich aus den Emotionen von Zorn und Aggression und nutzen gerne auch ungeklärte Situationen und unverarbeitete Emotionen in einer Partnerschaft, um diese in der Disharmonie einer Streitsituation an die Oberfläche zu bringen. Dann werden Worte gesprochen und Gefühlsausbrüche ausgelöst, die in keinem Verhältnis zum Wesen der Menschen stehen, wenn sie sich im „Normalzustand“ befinden. Dies sind dann jene Situationen, die dem Menschen später besonders Leid tun.

Viele Menschen sind mit Prägungen aus Vorleben behaftet, die sich im jetzigen Leben wieder ausdrücken wollen. In einer Partnerschaft können diese Altlasten leichter betrachtet werden, ebenso wie Charakterzüge, die sich noch mehr auf die Liebe ausrichten müssen. Würde ein Mensch alleine leben und sich auf keine Beziehung, auch nicht freundschaftlicher Art, einlassen, könnte es durchaus geschehen, dass er in die Annahme verfiele, von allen Beziehungskonflikten und eigenen inneren Fehlbarkeiten frei zu sein. Er empfindet sich nicht als eifersüchtig oder als habgierig, sondern er fühlt sich ruhig und ausgeglichen. Es gibt keine Eltern, die sich einmischen, kein Partner, der Forderungen stellt oder mit dem man sich arrangieren müsste, um ein harmonisches Zusammenleben zu erreichen. Es würde vermutlich nichts Negatives im Menschen aktiviert, doch kann der Einzelne auf diese Art und Weise auch nicht erkennen, wo noch Schwächen in ihm vorhanden sind. Jeder Mensch trägt in seiner Aura die Energiekonzentrationen von Ereignissen, die noch nicht ausgeglichen sind, von Wesenszügen, die noch auf die Liebe ausgerichtet werden müssen, sowie von Blockaden, die er in diesem Leben zu verarbeiten hat. Zur rechten Zeit, welche die geistige Führung festlegt, wird das bestimmte Ereignis oder die betreffende Situation herbeigeführt.

Hat man beispielsweise in einem früheren Leben im Kampf einen anderen Menschen verletzt und ist dieses Ereignis noch nicht ausgeglichen, wird ein Kontakt mit einer neuen Persönlichkeit dieser Seele geschaffen und ein Ausgleich herbeigeführt. Man hat dann vielleicht einen Unfall mit dem Auto, wird verletzt und genau der Mensch, mit dem die alte Verbindung besteht, sitzt hinter dem Steuer. Geht es nur darum, ein Ereignis auszugleichen, ohne persönliches Karma mit einer Seele, wird ein anderer Mensch diesen Unfall verursachen, da dieser möglicherweise seine Aggressionen oder verhärteten Gefühlsstrukturen bearbeiten muss. Im Kontakt mit anderen Menschen können solche karmischen Lasten ausgelöst und verarbeitet werden, was nicht möglich ist, wenn man als Einsiedler in den Bergen lebt. Vielleicht wird man auch beschimpft oder schlecht behandelt, weil man das Verzeihen lernen soll. Das ist ebenfalls nicht möglich, wenn einen niemand beleidigt oder verletzt. Was insgesamt nicht bedeutet, dass es nicht auch Menschen gibt, für welche die Zurückgezogenheit auf Dauer oder zeitweise das Richtige ist. Wenn es im Plan seiner geistigen Führung vorhanden ist, wird er diesen Weg des Lebens wählen.

Beziehungen mit Menschen machen das Bewusstwerden und Erkennen auf leichte Weise möglich. Erst wenn man in engen Beziehungen zusammenlebt, zeigen sich die tiefen inneren Prozesse. Trifft man sich nur ab und zu, übersieht man vielleicht so manches oder man möchte es sich nicht mit dem anderen verderben. In einer engeren Beziehung jedoch werden Bereiche an die Oberfläche gebracht, die zuvor noch nicht ersichtlich waren. Versteckte Seiten werden offenbar und können somit auch erkannt werden. So können plötzlich Gefühle des Besitzanspruches zum Thema werden, oder tief sitzende Forderungen und überholte Vorstellungen wollen gelebt werden.

Der Mensch wird in seiner beruflichen Laufbahn in der Regel den Weg einschlagen, auf dem er entweder noch altes Karma ausgleichen oder sich von alten Bindungen befreien kann. So manches Mobbing, das erlebt wird, kann alte Feindschaften aufdecken, die dann mit Liebe, durch Gespräche und Verständnis aufgelöst werden sollten.

Die Geschichte einer Frau, die mit einer ganz bestimmten, verwirrenden Situation konfrontiert war, mag dies verdeutlichen. Sie war Kosmetikerin und liebte ihren Beruf sehr. Sie ist ein sehr liebevoller Mensch, und man glaubt, sie könne niemandem ein Haar krümmen. Sie spürt in sich auch diese Liebe, doch hat sie erkannt, dass sie einen Teil in sich trägt, einen männlichen Teil, der die Menschen abgrundtief hasst. Dieser würde sie gerne dazu veranlassen, ihren Klienten, wenn sie so entspannt vor ihr liegen und sie ihnen das Gesicht behandelt, voll mit der Faust ins Gesicht zu schlagen. Auch die übelsten Schimpfwörter tauchen aus einer Ecke ihres Wesens auf und würden am liebsten ausgesprochen werden, sogar an Menschen, die diese Frau sehr schätzt und sympathisch findet. Inzwischen ist ihr bewusst, dass dies ein Teilbereich einer alten Männerinkarnation ihrer Seele ist, den sie dieses Mal mitgebracht hat, um ihn die Liebe zu seinen Mitmenschen zu lehren. Sie ist immer noch entsetzt, wenn sie ihn spürt oder seine Worte wahrnimmt, doch kann sie inzwischen sehr gut damit umgehen. Mit der Zeit wurde dieser Aspekt ruhiger, doch die große Ablehnung für den Mitmenschen ist in diesem Wesenszug immer noch vorhanden. In solchen Fällen ist es sehr wichtig, sich nicht mit diesen alten Prägungen zu identifizieren, sondern mit ihnen zu arbeiten und ihnen in den Momenten, in denen sie sich zeigen, ein neues Programm der Liebe zu vermitteln.

In einer inspirierenden Beziehung ist es der Wunsch beider Partner, auf ihrem Weg zu reifen, und sie sind für Hinweise des Gegenübers sehr dankbar. So kann der Mann bei seiner Partnerin vielleicht erkennen, dass sie, seit sie als Sekretärin in der benachbarten Bank angestellt ist, sehr stark in eine Überheblichkeitsrolle gefallen ist und in den Gesprächen immer Recht behalten will. Sie duldet gar keinen Widerspruch mehr und fängt an, alles zu bestimmen. Eröffnet er ihr diese Veränderung, wird die Partnerin vermutlich zuerst einmal beleidigt und gekränkt sein. Wenn sie bereit ist zu lernen, kann sie jedoch erkennen, dass er Recht hat und sie die gleiche Überheblichkeit angenommen hat wie ihre Vorgängerin, obwohl sie selbst dies eigentlich überhaupt nicht wollte. Sie ist in die Energie-Rolle ihres Arbeitsplatzes gefallen, ohne es zu bemerken. Geht sie dieses Feld an und arbeitet mit sich, kann ihr diese Situation die wichtige Erkenntnis vermitteln, dass sie selbst doch noch einen Zug von Überheblichkeit in sich trägt. Sie kann diesen Charakterzug verwandeln und sich auf ihrem Weg stärken.

Würde ihr Partner ihr diesen Umstand nicht mitteilen, könnte daraus Schaden für die Persönlichkeit der Frau entstehen und ihre Beziehung gefährden. Manche Menschen haben Angst vor den Reaktionen ihrer Partner, wenn sie ihnen mitteilen, was sie empfinden, und vergessen ganz, dass dies vielleicht sogar ihre Aufgabe wäre. Die Gefühlsattacken, die vielleicht am Anfang des Gespräches entstehen, werden gefürchtet, und lieber wird alles „unter der Decke" gehalten. Dies dient jedoch nicht dem Weiterkommen eines Menschen. Man kann durch das Nicht-Umsetzen innerer Wahrnehmungen starke Energieblockaden hervorrufen. Nicht selten stecken Züge von Schwäche und Unterwürfigkeit dahinter, und wenn ein Mensch die inneren Einsichten nicht verwirklicht, kann er auch selbst nicht weiterkommen.

Bevor man seinem Partner oder einem nahen Menschen bestimmte Wahrnehmungen mitteilt, sollte man sich immer prüfen, ob nicht eigene Charakterzüge im Spiel sind, die im Moment einen Zorn oder eine gewisse Ablehnung auf das Gegenüber hegen. Fühlt man sich zu wenig beachtet oder hat man bestimmte Forderungen von diesem Menschen nicht erfüllt bekommen, hat sich vielleicht im Inneren eine Energiekonzentration von Zorn entwickelt, die, beim Erkennen irgendeines Fehlers beim anderen, ein Ventil findet. Spricht man aber aus dieser Energie des Ärgers ein Problem mit seinem Partner an, kommen bei diesem wahrscheinlich nicht die Ursachen zur Diskussion, sondern der auch bei ihm angestaute Zorn. Es erfolgt unbewusst sofort eine Gegenreaktion, und meist wird auch eine berechtigte Kritik dann nicht angenommen und nur als Emotion abgetan. Hier gilt es, so ehrlich zu sein und zuerst das Problem zu erörtern, welches den angestauten Ärger hervorgerufen hat, um dann das eigentliche Problem zu besprechen.

Geht es um ein Thema, das dem anderen auf seinem Weg wirklich helfen kann, wird der Betreffende dies in seinem Inneren auf jeden Fall erkennen, auch wenn zuerst eine emotionale Gegenwehr entstehen mag. Es fällt mitunter schwer, eine Kritik anzunehmen, auch wenn man sich auf dem geistigen Pfad befindet und an sich arbeitet. Spürt man jedoch, dass das Gegenüber es wirklich gut mit einem meint, kann die innere Abwehr schnell überwunden werden. Begegnet einem jedoch Verurteilung, Schadenfreude oder eine negative Emotion, kann man sich nur schwer öffnen und wird sich für wertvolle Hinweise eher sperren. Deshalb ist es wichtig, dass sowohl der Mensch, der eine Erkenntnis ausspricht, an sich arbeitet, als auch der Mensch, der die Kritik empfängt.

Es gibt viele Varianten im Umgang mit solchen Momenten. Wirklich wichtig ist das Bemühen, solche Erkenntnisse nicht verurteilend mitzuteilen. Mit Fragen kann man oftmals die Erkenntnis des Gegenübers fördern und muss dann gar nicht alles ausdrücken, da die Achtsamkeit bereits angeregt wurde. Man sollte auch nicht mit Vorwürfen etwaige gefühlsmäßige Schmerzen, die man in einer Beziehung durchlitten hat, dem anderen vorhalten, sondern einfach nur liebevoll und sachlich seine Wahrnehmungen darlegen. Wenn Menschen an sich arbeiten möchten, sind solche Hinweise etwas, was mit großer Dankbarkeit angenommen wird. Sie müssen vermutlich kurzzeitig mit Gefühlen der Ablehnung oder des

Ärgers umgehen, doch fühlen sie genau, dass dies ihrer eigenen Befreiung und Entwicklung dient.

Wer sollte einem Menschen mitteilen, dass er gerade seinen Weg aus den Augen verloren hat, wenn nicht die Menschen, die ihm am nächsten stehen. Ist es nicht wahre Freundschaft und Partnerschaft, wenn man ehrlich aussprechen kann, was man fühlt und erkennt. Wer dann annimmt, was ihm in solchen Momenten mitgeteilt wird, kann mit dieser Botschaft fast immer einen Schritt vorwärts auf seinem geistigen Weg machen.

Trifft man sich mit Freunden, Verwandten oder Geschäftspartnern, denen es nur um eine spannungsfreie Beziehung geht und mit denen der Kontakt daher immer nur angenehm ist, wird man von ihnen kaum auf etwaige Missstände im Verhalten oder Denken hingewiesen werden. Auch in loseren Beziehungen sehen die Beteiligten über vieles hinweg, und man lässt sich nicht auf Konflikte ein, da man ja nach einigen Stunden wieder gehen wird und dann einige Zeit verstreicht, bevor man sich erneut sieht. Besondere Anstrengungen werden in solchen Beziehungen nicht unternommen.

Es gibt durchaus Freundschaften, in denen ein Miteinander gepflegt wird oder gemeinsame Hobbys geteilt werden. Solche Freundschaften sind sehr schön, auch wenn nicht in der Tiefe auf das Leben des Gegenübers eingegangen wird. Jede Beziehung und jede Freundschaft hat eine unterschiedliche Note und ihre eigene Richtigkeit und Wertigkeit, sofern es allen Beteiligten gut dabei geht.

Es gibt in der heutigen Zeit durchaus Menschen, die in ihrem Streben nach Entwicklung und Bewusstsein bereits weit fortgeschritten sind. Sie haben in sich männliche und weibliche Qualitäten ausgeglichen, arbeiten konsequent an sich und können mehr oder weniger frei entscheiden, ob sie mit einem anderen Menschen zusammenleben möchten oder nicht. Sie sind durchaus beziehungsfähig und können auch Verantwortung in einer Partnerschaft übernehmen, doch benötigen sie viel Raum für ihre innere Arbeit und ihre eigene Entfaltung. Wenn es für beide Partner richtig ist, muss ein Zusammenleben durchaus nicht Teil der Beziehung sein.

Alle Formen der Lebensgestaltung und alle Arten von Beziehungen sind richtig, wenn beide Partner damit einverstanden sind. Leidet jedoch einer der Partner am Freiheitsstreben des anderen, kann hieraus sehr viel Schmerz erwachsen. Allerdings treffen sich auch in diesen Fällen meistens die richtigen Partner, entweder um aneinander zu lernen, dass das Loslassen in der Liebe einer der wichtigsten Faktoren ist, oder um vielleicht zu erkennen, dass man in seinem Inneren noch einen Anteil trägt, der aufgrund einer alten Erfahrung kein Zusammenleben möchte und das Freiheitsbedürfnis nur als Vorwand nimmt. Sind beide Partner innerlich frei, leidet keiner von beiden, und sie können jene Form des Zusammenlebens wählen, die ihnen wahrhaft entspricht.

Es ist wichtig zu erkennen, dass in Beziehungen die Partner einander fast immer ihr eigenes Inneres widerspiegeln, denn was einen stört, trägt man meist noch selbst in sich. Sehr oft wird dies völlig verdrängt, weil man einen bestimmten Charakterzug oder alte karmische Lasten nicht wahrhaben will. Doch man kann nahezu sicher sein, dass das, was einen am anderen stört, immer mit einem selbst zu tun hat.

Es ist überaus wichtig, eine Beziehung nicht als Ruhehafen zu betrachten. Eine Beziehung ist mit Arbeit verbunden, mit Arbeit an sich selbst und auch mit Arbeit mit dem Gegenüber. Sie kann größte Erfüllung und Glück bringen, doch sollte die Bereitschaft für die Arbeit an sich selbst immer im Vordergrund stehen. Es ist auch erhellend, sich bewusst zu machen, dass die energetischen Prozesse, die ein Partner gerade durchlebt, in gewisser Weise immer beide betreffen, da er sich ja nicht völlig zurückziehen kann, bis die Wogen geglättet sind, die sich gerade in der Aura auftürmen. Deshalb wird das Gegenüber immer auch etwas von den Energieverarbeitungen spüren.

In der Nacht, wenn zwei Menschen innerhalb ihrer Auren zusammen schlafen, vermischen sich gerne die Energien, und es kann vorkommen, dass der eine Partner, der den anderen energetisch stützen sollte, durch die Energieverteilungen in der Nacht genauso geschwächt ist wie der, den ein Prozess direkt betrifft. Hier ziehen manche Partner getrennte Betten vor, damit wenigstens einer der beiden dem anderen positive Energien geben kann. Genauso kann es aber auch sein, dass gerade der Partner dazu beiträgt, dass der andere über Nacht stabiler wird. Hier sollte das eigene Gefühl die richtige Entscheidung bezüglich der Schlafsituation treffen.

Bei aller Gemeinsamkeit innerhalb einer Beziehung versäumen es viele Partner, sich auch um die Wahrnehmung der eigenen Bedürfnisse zu kümmern. Man will alles gemeinsam tun und versäumt darüber, in sein eigenes Inneres zu hören und die eigenen Inspirationen wahrzunehmen. Es ist sehr wichtig, sich auch einmal Zeit nur für sich zu nehmen. Es gibt viele Menschen, die dieses starke Bedürfnis in sich tragen, es aber nicht zum Ausdruck bringen, da sie Angst verspüren, den Partner zu verletzen. In einer liebevollen Beziehung jedoch sollten für beide Seiten solche Zeiten eingeräumt werden, wenn das Bedürfnis danach besteht. Gibt es Raum und Zeit für die eigene innere Suche nach Wahrheit, kann dies großen Nutzen für die Partnerschaft und für ein liebevolles Miteinander bringen. Vielleicht sollten die beruflichen Ausrichtungen geändert oder der Alltag umgestellt werden, was man als Information auf einer inneren Ebene vor allem dann empfangen kann, wenn man still wird und in sich hineinhört.

Ist man immer nur mit dem Gegenüber beschäftigt, haben die geistigen Helfer kaum die Möglichkeit, über die Intuition ihre Inspirationen zu übermitteln. Man entzieht sich selbst der Verbindung nach innen, die nur in der Ruhe aufgebaut werden kann. Dies ist ein äußerst wichtiger Aspekt in der heutigen Zeit. Früher waren Selbstverwirklichung und geistiger Fortschritt in solcher Geschwindigkeit kaum möglich, weshalb es heute besonders wichtig ist, aus alten Verhaltensmustern auszubrechen und die überlieferten Rollenmodelle des Zusammenleben-Müssens aufzugeben. Die Energien neigen dazu, sich zu vermischen – was für keinen Partner von Vorteil ist. Diese Problematik lässt sich selbst auf der physischen Ebene erkennen, wenn sich manche Partner nach jahrelangem Zusammenleben auch in ihrem Aussehen annähern. Wenn es dann einmal Zeit wird, den Erdenkörper abzulegen, sind sie so eng miteinander verwoben, dass sie nicht voneinander loskommen. Die dann zu vollziehende Trennung bedeutet einen Zeitverlust und nicht selten auch Leid, welches durchaus vermieden werden könnte.

Viele Menschen wissen gar nicht, wie schön es sein kann, alleine durch den Wald zu gehen und auf die innere Stimme zu hören, seinen Gefühlen nachzuspüren oder sich einfach über viele Dinge klar zu werden. Das Wort „klar" sagt sehr schön aus, was geschieht – die Aura beginnt sich zu *klären*, und die Energien fließen *klarer*. Energien gleichen sich aus, Blockaden können sich in der Verbindung mit der geistigen Führung lösen, und die Intuition wird gestärkt.

Ein weiterer wichtiger Aspekt in der Klärung der Aura betrifft das Meer von Gedanken, welche sich im Laufe des Lebens ansammeln können. Meist vermischt mit uralten Gedankenmustern aus vorherigen Inkarnationen, drängen sie sich immer wieder in das Tagesbewusstsein, wollen gedacht und ihrem Programm entsprechend ausgeführt werden. Nur in den Zeiten des „In-sich-Gehens" kann der Mensch diese Muster erkennen, annehmen und verändern. Der Mensch sollte diesen Planeten nicht verlassen und all die Muster wieder mitnehmen, mit denen er gekommen ist, dazu noch mit einem Rucksack neu eingepackter Programme und Gedankenpakete. Die lieblosen und noch unerlösten Wesen der Erdenwelt versuchen alles, damit die Seelen weiter gebunden bleiben und dem Rad der Wiedergeburt nicht entkommen können. Dabei steht jedem Menschen die wichtigste Fähigkeit für derartige Loslösungen zur Verfügung – *sein eigenes Bewusstsein*. Unterstützt von seiner geistigen Führung und von Menschen, mit denen er in Beziehung steht und die ihn aufmerksam machen auf alte Muster, kann er, wenn er bereit ist, mit der Kraft der Liebe alle alten Prägungen auflösen. Er wird dann nicht länger von eigen-willigen Gedankenfeldern bedrängt, sondern der Wille Gottes kann sich ungetrübt durch ihn ausdrücken. Dann kreisen in der Aura nicht länger verkrustete Gedankengebilde, sondern die Lebensenergie fließt rein und klar. Mit jedem Schritt auf dem geistigen Weg kommt der Mensch seinem Ziel näher. Immer, wenn Gedanken gedacht werden, die einem alten Muster entspringen, verbraucht der Mensch Energie. Er ernährt diese mentalen Felder, und es entstehen Blockaden im Energiefluss. Der Verstand ist ein wichtiges Gut; eine Überbetonung des Denkvermögens blockiert und staut jedoch in vielen Fällen Energie aus den feineren Ebenen und behindert die Entfaltung der Herzensqualitäten. Die Ur-Lebenskraft kann sich nicht frei entfalten.

Es gibt Partner, welche die eigene Wahrnehmung auch in einer gemeinsamen Meditation empfinden können. Sie können sich vielleicht auch still nebeneinander ins Wohnzimmer setzen und jeder geht seiner Beschäftigung nach, ohne dass der eine das Gefühl hat, vernachlässigt zu werden. Jeder Mensch sollte für sich selbst entscheiden, auf welche Art und Weise ihm der Weg nach innen offenbar wird. Es ist der Weg nach innen, die Verbindung mit der inneren Liebe und die Annäherung an die göttliche Kraft und All-Liebe, die so überaus wertvoll für das Miteinander von Menschen sind. Sie unterstützen die Menschen, und über die Stärke, die dann in der Aura fließt, werden wiederum alle Mitglieder der Familie oder ein Partner gestärkt. Je erfüllter von und näher an den göttlichen Führungsenergien der Mensch schwingt, umso lichtvoller ist seine Ausstrahlung und umso mehr kann er Gutes für sich und sein Umfeld abgeben. Die Arbeit an sich selbst, die Wahrnehmung, was im eigenen Inneren vor sich geht, kann man nur in seinem Inneren erfahren. Vielleicht gibt es auch Hinweise von außen, doch die erkennende Wahrnehmung erfolgt nur im Inneren. Diese Wahrnehmung zeigt sich im Hören, im Fühlen und in der Selbsterkenntnis. Doch es bedarf dafür einer Zeit der Stille und Ruhe. Warum sonst sollten die Gegenkräfte der Liebe so stark am Aufrechterhalten der allgemeinen Unruhe interessiert sein, wenn sie nicht dadurch die Hinwendung zur Liebe und Erkenntnis aufhalten könnten. Je mehr der Mensch der Unruhe verfällt, umso weniger kann er seinem Inneren lauschen.

Eine weitere große Schwierigkeit innerhalb von Beziehungen ist der Umstand, dass man im Laufe des Alltags und der Hektik des sogenannten täglichen Überlebenskampfes die Tiefe in einer Beziehung verliert oder vergisst. Es geht dann nur noch um Probleme und Arbeit, um Pflichten und um Anforderungen der Umwelt; und man kommt gar nicht mehr dazu, das Zusammensein zu genießen oder sich gemeinsame Zeiten der Ruhe und Entspannung zu gönnen.

Am Anfang des Kennenlernens genießt man jede Minute zusammen. Man fühlt sich wirklich verbunden, da man sich im Zusammensein nicht um Alltägliches kümmert, sondern um sich selbst. Die Zeit des Zusammenseins ist noch zeitlich begrenzt, und man möchte jede Minute genießen. Man berührt und hält sich, und über die Berührung wird auch körperlicher Stress abgebaut.

Beginnen dann der gemeinsame Lebensweg mit Familie und Freunden sowie die gesellschaftlichen Verpflichtungen, verringert sich die Zeit der engen gemeinsamen Stunden, und man beschäftigt sich bereits weniger miteinander, jedoch immer noch in erfüllendem Maße. Zieht man dann zusammen, geht täglich zur Arbeit, hat die Wohnung zu verwalten und zu reinigen, erledigt Einkäufe und auch andere Pflichten, sieht die Gemeinsamkeit im Laufe der Monate und Jahre vermutlich ganz anders aus. Man nimmt sich einfach nicht mehr die Zeit des *wahren* Miteinanders, sondern verfällt in ein mehr *scheinbares* Miteinander, was sehr schnell zu einem *Nebeneinander* entgleiten kann.

Treten dann eventuell noch Kinder in eine solche Beziehung, beschränkt sich die Zeit des Einander-Genießens auf wenige Stunden und jene des Miteinander-Redens nur noch auf die Pflichten des Alltags. Für eine tiefe Beziehung der Partner bleibt kaum noch Raum und Zeit. Dies führt in den meisten Fällen zu starken Disharmonien, da eine gemeinsam erlebte Zeit mit intensiven Gefühlen für eine Partnerschaft sehr wichtig ist. Man mag hier einwenden, es sei doch von überragender Wichtigkeit, immer für die Kinder da zu sein, doch geht es den Kindern nur gut, wenn es auch den Eltern gut geht. Sicher finden sich die Großeltern oder Geschwister ein, die vielleicht einmal einen Abend oder ein Wochenende einspringen, damit die Eltern ihre Beziehung wieder neu beleben können.

Es gibt eine besondere Schwingung, die versiegt, wenn sie nicht gepflegt wird. Dies ist die Energie der gemeinsamen Liebe, der gemeinsamen Ausrichtung und des jeweils wahren Erfühlens und Erkennens des Partners. Bleibt dies aus, zieht man sich energetisch regelrecht voneinander zurück, und es tritt nicht selten eine große Entfremdung ein. Bald versteht man sich vielleicht nicht mehr, und die Gemeinsamkeit bekommt Risse. Das Gefühl, dass der Partner sich einem zuwendet und seine Aufmerksamkeit schenkt, vermittelt Ruhe und ein Gefühl von Miteinander. Man bedeutet dem Partner noch etwas. Dieses Gefühl muss gelebt und gefühlt werden, sonst bestimmen sehr schnell nur noch Äußerlichkeiten die Beziehung.

Ob mit oder ohne Kinder, das Leben und der Alltag verstellen dem Menschen nur zu leicht den Zugang zu tiefen Empfindungen, die ein glückliches Miteinander ausmachen. Deshalb ist es so wichtig, sich die Zeit zu nehmen und vielleicht ganz bewusst einen Abend vorzubereiten, an dem bei Kerzenschein und einem guten Essen in gewollter Romantik wieder die Gefühle der Liebe verspürt werden können. Es geht darum, sich Zeit für sich zu nehmen, ohne schon wieder die nächste Pflicht im Auge zu haben. Energetische Verhärtungen und Blockaden treten sehr schnell in Beziehungen auf, wenn der Liebe zueinander nicht der notwendige Raum gegeben wird. Es ist wie bei einer Pflanze, die immer wieder gegossen werden muss, wenn sie nicht eingehen soll. In unserer hektischen Zeit ist es notwendig, die eigene Tiefe nicht zu verlieren und die inneren Empfindungen wieder fließen zu lassen.

Manchmal gehen zwei Menschen eine Verbindung ein, die trotz aller Liebe sehr unterschiedliche Ausrichtungen haben. Der eine Partner benötigt neben seiner Bürotätigkeit unbedingt einen sportlichen Ausgleich, der andere liebt es, seinen Stress zu Hause bei einem Bad und schöner Musik auszugleichen. Der eine mag klassische Musik, der andere liebt es poppiger, vor allem für seinen Sport, bei dem er Hektik und Stress über Bewegung abbauen kann. Der andere sucht Inspiration, die er nicht in der Dynamik einer Freizeitbeschäftigung finden kann.

Hier kommt ein wichtiger Aspekt einer Beziehung zum Vorschein. Man kann nie davon ausgehen, dass zwei Menschen in all ihren Vorstellungen und Bedürfnissen gleich geartet sind. Es ist hilfreich, wenn sich zwei unterschiedliche Partner diesen Umstand bewusst machen und sich entsprechend darauf einstellen. Wenn man nicht im Glauben verhaftet ist, man müsse alles gemeinsam unternehmen und der andere habe immer dabei zu sein, vermag man seinem Partner den notwendigen und wichtigen Spielraum einzuräumen. Man kann die notwendigen zeitlichen Arrangements treffen, um für beide Seiten eine befriedigende Lösung zu finden. Muss einer in der Beziehung immer zurückstecken und nachgeben, geht dies vielleicht für eine Weile gut, dann aber werden sich unaufhaltsam die angestauten Bedürfnisse zeigen. Meist geschieht dies mit sehr viel Unmut, und es bedarf einer großen Anstrengung, bis wieder Harmonie einkehrt.

Es ist sehr wichtig, offen und ehrlich seine Bedürfnisse zu äußern, damit ein harmonisches Klima für das beidseitige Wachstum gegeben ist. Man glaubt manchmal, die Dinge würden sich entwickeln, doch geschieht selten etwas von alleine. Man glaubt manchmal, es wäre besser, nichts zu sagen, doch sammeln sich dann die unguten Schwingungen in einem solchen Maße in der Astral-Aura, im Emotionalfeld, an, dass sie meist explosionsartig zur Entladung kommen. Dann hat man es zwar für eine Weile geschafft, nichts zu sagen und den „Frieden" zu bewahren, jedoch war dies immer nur ein Scheinfrieden. Im Untergrund brodelte es, und dieser Vulkan hat die ganze Zeit in gewisser Weise die Aura mit Emotionen und ungeklärten Gefühlsströmen verunreinigt. Es bringt überhaupt nichts, wenn man Dinge verschweigt oder hinausschiebt. Jede verdrängte Situation wird mit Vorliebe von sich überall um den Menschen bewegenden negativen Wesenheiten und Energiestrukturen genutzt, um als Einlasstor zu dienen. Darüber gelingt es ihnen, ihre lieblose Last abzuwerfen oder sich über verursachten Streit zu ernähren. Jede unausgesprochene, jede hinausgeschobene Situation, die geklärt werden sollte, nimmt dem Menschen Kraft ab. Die nicht verarbeiteten Energien wirken im Unbewussten weiter. Dort verbrauchen sie große Mengen an Lebenskraft und werden als Verdichtung in der Aura sichtbar. Viele Menschen tragen schwer an solchen unverarbeiteten Lasten, die mitunter wie in ein Kokon von Emotionen um sie gewickelt sind. Sie verbrauchen wertvolle Lebensenergie für deren Ernährung, und außerdem bilden sie Blockaden für die Gesunderhaltung des Körpers. Es ist sehr wichtig, zu klären, was einen „bedrückt", da dieses Problemfeld in der Aura wirklich den Energiefluss erdrückt und blockiert.

Ist man in seiner Entwicklung bereit, selbst alte Lasten anzunehmen und zu verarbeiten, werden von der geistigen Führung die notwendigen Schritte eingeleitet – und die Verarbeitung kann beginnen. Dann mag man sich fragen, warum man denn gerade mit dieser bestimmten Situation noch etwas zu tun hat, doch wenn man annimmt, was einem widerfährt, und mit den Ereignissen arbeitet, ist man immer auf dem richtigen Weg und kann sich von alten Strukturen befreien. Es ist eine Gnade, wenn Verkrustungen aufgebrochen werden können; denn dann ist man wieder offener und freier, um ganz in der Gegenwart, im Hier und Jetzt, zu leben. Auch die eigene Wahrnehmung wird geschärft, wenn alte karmische Belastungen nicht länger den Blickwinkel verstellen.

Es gibt auch Wünsche in einem Menschen, die von seinem Partner möglicherweise nicht erfüllt werden können. Der eine ist eher bodenständig und kann sich nicht so locker mit den Dingen beschäftigen, wie es sich sein Partner wünscht. Der eine zeigt vielleicht großes Interesse am Wassersport, was der Partner nicht teilen kann, da er Angst vor dem Wasser hat. Man sollte grundsätzlich die Vorstellung fallen lassen, in einer Partnerschaft müsse einfach alles perfekt zusammen passen. So etwas gibt es nicht. Der Mensch kommt zum Lernen auf diesen Planeten, und es ist nicht das Interesse der Seele oder der Geistigen Welt, diesem Wunsch gerecht zu werden. Es geht um geistiges Wachstum, um Erkenntnis und um ein sich änderndes Bewusstsein auf der Erde. Es ist wichtig, diesen Hintergrund zu beachten und im Partner jene Seiten zu genießen, die einem gut tun, die anderen Dinge stehen zu lassen, die nicht geändert werden sollen oder zu ändern sind, und mit ihm und sich selbst zu arbeiten.

Vielleicht kann eine Freundin oder ein Freund mit zum Wassersport oder in die Oper gehen. Alles steht dem Menschen offen. Es stellt sich Frieden ein, wenn der Mensch nicht dauernd Forderungen erhebt, um den Partner so zu verändern, wie man ihn haben möchte. Er ist so richtig, wie er ist. Er zeigt auf, wo man noch zu arbeiten hat, und spiegelt genau die Eigenschaften, die noch unerkannt in einem selber stecken. Der Druck auf einen Menschen ist gewaltig, wenn er etwas leben soll, was gar nicht in ihm liegt. Er fühlt sich schnell unverstanden und nicht gesehen, was ja in gewisser Weise auch stimmt. Dies kann zu schmerzlichen Situationen führen. Einen Mitmenschen nicht so zu nehmen, wie er ist, zeigt auf, dass man noch eine Lektion in Nächstenliebe und Toleranz zu lernen hat. Dies gilt für fast alle Menschen, und es ist daher sinnvoll, über diesen Punkt immer wieder nachzudenken, zu meditieren oder mit vertrauten Freunden darüber zu sprechen.

Es ist immer wieder eine Herausforderung, das zu erkennen, was man vom Partner gespiegelt bekommt, und im Gegensatz dazu dem Partner anzudeuten, woran er selber zu arbeiten hat. Wenn *er* beispielsweise immer nur die Schuhe in die Ecke wirft und sich nie an den anfallenden Hausarbeiten beteiligt oder *sie* mit der Zeit immer mehr nachlässt, ihre Haare zu pflegen oder etwas Schönes zu kochen, sind dies sicherlich Dinge, die von beiden geändert werden sollen und können. Wenn beide Partner an sich arbeiten und die Dinge, die mitgeteilt werden, annehmen und umsetzen, kann großer geistiger Fortschritt in einer Beziehung geschehen, wobei auch die alten Rollenmodelle und ihr jeweiliges Verständnis radikal in Frage gestellt werden müssen.

In einer liebevollen Beziehung werden karmische Verarbeitungen, die einer der Partner gerade durchzustehen hat, gemeinsam bewältigt. Ebenso kann diese Mithilfe in der karmischen Verarbeitung auch seitens einer Freundin oder einem Freund, von Eltern, Kindern oder Verwandten erfolgen. Dies zeigt das Leben selbst. Das Gegenüber kann hilfreich die Erkenntnisprozesse fördern und mithelfen, eingefahrene Vorstellungen und Prägungen zu erkennen und aufzulösen.

Durch geistigen Fortschritt und eine liebevolle menschliche Vertrautheit kann ein Kraftfeld entstehen, welches in seiner Ausstrahlung und inhaltlichen Prägung große Wellen hervorruft und sich energetisch auf die kollektiven Felder und alles Leben auf Erden auswirkt. So trägt der Mensch nicht nur zur Klärung seiner selbst bei, sondern auch zur Heilung und Transformation der kollektiven Felder der Erde.

IV.
BEZIEHUNGEN UND ENERGIEFELDER

Der Mensch wird in seinem Leben fast ständig mit Energiefeldern konfrontiert, die ihm ihre Vorgaben aufzwingen wollen. Oft wundert man sich, wie man selbst – oder andere Menschen – dies oder jenes hatte tun können, doch steckten in den meisten Fällen Energieströme dahinter, die den Menschen massiv beeinflussten und von ihm forderten, ihre Inhalte umzusetzen. Vielfach hatte man in früheren Leben Kontakt mit diesen Feldern, hatte sie gespeist oder miterschaffen, und kann diese Prägungen nun, durch einen erneuten Kontakt, verändern oder auflösen. Dadurch kann man natürlich auch die eigenen Bindungen an diese Felder transformieren.

Ebenso geschieht es, dass Menschen mit mächtigen irdischen Feldern in Berührung kommen, um entweder in sich selbst zu einer Erkenntnis oder Auflösung zu gelangen oder auch um kollektives Familien- oder Völker-Karma aufzulösen.

Das nachfolgende Beispiel beschreibt einen solchen Hintergrund.

Eine Frau erzählte mit viel Kummer, dass sie und ihr Mann schon seit vielen Jahren keinen Zugang mehr zueinander finden konnten. Sie stritten sich nur noch, und jedes Mal, wenn sie etwas sagen wollte, verstand er überhaupt nicht mehr, was sie meinte, und zeigte zudem auch nicht das geringste Interesse, um ihr zuzuhören, geschweige denn sich damit auseinander zu setzen. Die Frau selbst war inzwischen auch so voller Vorwürfe und Verbitterung, dass ein normales Gespräch gar nicht mehr möglich war. Bei jedem

Wortwechsel und selbst beim Zusammentreffen in der Wohnung erhob sich sofort ein Schwall zorniger Energie in ihrem Inneren, den sie auf ihren Mann projizierte. Sie hielt ihn für arrogant, nicht einfühlsam und unfähig, ihr überhaupt zuzuhören. Er konnte nur noch eines – streiten. Er sprach schlecht über sie, wenn Besuch da war, und sie vermutete auch, er hätte eine Freundin.

Bei einem längeren Gespräch mit dieser Frau stellte sich heraus, dass sie selbst genauso mit ihrem Mann verfuhr. Kaum war Besuch da, nutzte sie die Gelegenheit, da der Besuch ja freundlicherweise zuhörte, um all das über ihren Mann loszuwerden, was sie ihm selbst nicht sagen konnte. Er würde nicht mehr auf sie hören, würde dies und das tun, was sie verletzte, und er kümmere sich nicht mehr um sie und ihr gemeinsames Leben. In diesen Momenten ließ sie alles aus sich heraus und konnte kaum aufhören, über ihren Mann schlecht zu reden. Sie lud mit dieser Vorgehensweise einen Schwall negativer Energie aus ihrem Inneren endlich nach außen ab, was ihr kurzzeitig Erleichterung verschaffte, sie allerdings auch weiter motivierte, schlecht über ihn zu sprechen. Es ist ein sehr unguter Zug, wenn man Freunde oder Bekannte benutzt, um den Partner zu verletzen oder seinen Frust loszuwerden. Für den Besuch ist das äußerst unangenehm, da er ja gezwungen wird, Stellung zu beziehen. Er muss dieses peinliche Geschehen über sich ergehen lassen, wenn er nicht unhöflich seinen Gastgebern gegenüber sein möchte. Der Angegriffene wird zudem in eine Position gebracht, in der er nicht allzu aggressiv auf diese Anschuldigungen reagieren kann, da er ja vor dem Besuch nicht als böse und gewalttätig erscheinen möchte, wenn er zu radikal entgegnet. In sein Energiefeld wird ein großer Keil von Unmut und fremdem Zorn hineingezwängt, den er mit Sicherheit wieder nach außen bringen möchte und wird. Die kurzzeitige Genugtuung, die eine Form von Rache darstellt, schüttet nur noch mehr negative Energie in das Energiefeld der Frau und löst das Problem in keiner Weise, da der Mann sich nur zur Wehr setzen und kämpfen, jedoch nicht um das Problem an sich kümmern wird. Er wird sich rechtfertigen und sein Ansehen wieder herstellen wollen und nach einer Situation Ausschau halten, um seinen angestauten Zorn irgendwann nach außen zu bringen. Dies führt nicht zu einer Verarbeitung, sondern zu einer Verhärtung des „Rosen-Krieges". Beide Beteiligten kämpften, verletzten sich und verloren immer mehr an Respekt füreinander.

In diesem Fall zeigte sich aus geistiger Sicht, dass beide Partner jeweils aus einer Familie stammten, die sich bereits seit Jahrhunderten bekämpften. Sie inkarnierten sich mehrmals innerhalb dieser Familien, welche stets auch weltliche Macht und Güter um sich scharten. Beide Partner trugen somit auch zu der kriegerischen Situation zwischen den Familien bei, jedoch stets auf der jeweiligen Gegenseite. Es tauchten alte gegenseitige Verwünschungen der Familien auf, sogar von Mord und Überfall schreckten einzelne Familienmitglieder nicht zurück. Neid, Konkurrenzkampf und sogar magische Elemente vervollständigten das schreckliche Bild.

Im Bewusstsein der geschilderten beiden Personen entstand auf geistiger Ebene vor diesem Leben das aufrichtige Bedürfnis, endlich den alten Familienkrieg zu beenden. Sie beschlossen, sich dieses Mal als Ehepartner zu verkörpern, um die alte Streitenergie aufzulösen und eine Befreiung herbeizuführen. Dies war eine schwere Aufgabe, da das jeweilige karmische Familienfeld so voller Hass- und Streitenergien war, dass es eigenständig versuchte, sich zu erhalten. Da in den beiden jetzigen Partnern das eigene Streitpotenzial noch teilweise vorhanden war, gelang es diesen Familienfeldern, so tief einzudringen, dass sie von den beiden wieder gelebt und genährt werden konnten. So fühlten die beiden eine unglaubliche Streitsucht in sich, die jedoch nur zu Bruchteilen aus ihnen selbst floss. Das meiste strömte aus den Familienfeldern in die Aura der beiden, was zusätzlich zu einem Gefühl der Überforderung führte. Die Frau erzählte, dass sie es kaum aushalten konnte, wenn sie nicht mit harten Worten sofort die von ihrem Mann ankommende Energie zurückwarf und wie mit einem energetischen Schwert auf ihn einschlug.

Die Erkenntnis, dass es sich um eine alte karmische Verflechtung handelte, erinnerte beide im Gespräch an ihr eigentliches Vorhaben der Umwandlung, weshalb sie beide zusammengekommen waren. Ein erster Hauch von Gemeinsamkeit entstand, nachdem die beiden endlich wieder miteinander gesprochen hatten. Die Frau vermied mit großer Konzentration jede Anschuldigung und jedes persönliche Wort und sprach immer nur auf einer sachlichen Ebene über dieses Problem. So konnte der Mann mitgehen, ohne sich immer verteidigen zu müssen und seine Position klarzustellen. Gemeinsam vereinbarten sie, vor allem intensiv auf die Fremdmanipulationen der Energiefelder zu achten, um nicht Sklaven dieser Felder zu sein. Sie wollten mit Gefühlen der Liebe immer mehr versuchen, an sich selbst zu arbeiten und auch das alte Feld zu berühren und aufzulösen. Der Streit hörte noch lange nicht auf, nahm jedoch eine andere Qualität an. Am Anfang lebten sie den Streit noch aus, bis sie völlig erkannten, was vorgegangen war. Mit der Zeit erinnerten sie sich mitten im Streit an die Hintergründe und konnten so die Emotionen eindämmen, die in ihrem Inneren aufkeimten.

Hier lagen starke Felder vor, die zum einen in der gemeinsamen Arbeit der beiden Partner, aber sodann auch in der Arbeit mit sich selbst verwandelt werden konnten. Das Gebet und der Atem sind wichtige Schlüssel für die Loslösung von solchen alten karmischen Strukturen. Die Kraft der Liebe und die Bitte um Verwandlung dieser alten Energiefelder bewirkt sehr viel Befreiendes. Der aufrichtige Wunsch nach Auflösung stärkt die Kräfte der Freiheit. Natürlich muss man zusätzlich auch mit den eigenen Emotionen, wie etwa Rache und Vergeltung, umgehen, die unweigerlich in solchen Momenten an die Oberfläche drängen. Mit der Einatmung kann man die Kraft der Liebe und Umwandlung in den gesamten Körper einströmen lassen, und mit der Ausatmung gibt man das

Negative und die Dunkelheit wieder ab, verbunden mit der Bitte um Umwandlung.

In den Momenten, in denen sich beispielsweise Vergeltungsgefühle zeigen, ist man auch mit dem Energiepotenzial dieses Feldes verbunden. Man kann dann direkt darauf Einfluss nehmen. Dies ist auch der Grund, weshalb der Mensch erneut in eine derartige Situation hineingeführt wird, da er so einen direkten Zugang erhält. Er kann dann mit diesen eigenen inneren Teilen oder mit dem entsprechenden Energiefeld kommunizieren. Man kann ihm mitteilen, dass es niemals der Weg sein kann, sich zu rächen oder Vergeltung einzufordern. Die Gesetze des Karma sind so eindeutig und gerecht, dass ohnehin alles ausgeglichen werden muss. Es ist nicht die Aufgabe des Menschen, selbst die Strafe in die Hand zu nehmen oder anderen Menschen mit Missachtung oder Hass etwas zu vergelten.

Ein anderes Beispiel zeigt auf, wie schnell die Prägungen der Völker-Energiefelder in Konflikt miteinander geraten und zu Missverständnissen und Trennungen führen können.

Eine junge Frau hatte sich in einen Mann verliebt, der italienischer Abstammung war. Er selbst war in Deutschland geboren, doch seine Eltern kamen aus Italien. Sie verstanden sich ganz wunderbar, der junge Mann trug sich mit ähnlichen Zukunftsvisionen und Lebensvorstellungen für das Leben wie die junge Frau, und es schien alles perfekt zu passen. Die Eltern akzeptierten ebenfalls ihre Partnerschaft. Die beiden zogen zusammen, heirateten und verbrachten eine Weile eine gute Zeit zusammen.

Mit der Zeit stellten sich jedoch immer mehr die Unterschiedlichkeiten in ihren Lebensauffassungen heraus. Sie wollte oft zu Besuch zu ihrer Familie, wobei er in ihrer Freizeit mehr den Kontakt zu seiner Familie suchte. Die beiden Familien untereinander hatten sich nicht sehr viel zu geben, da ihre Gespräche und Interessen jeweils ganz anderen Dingen galten.

Zu Anfang ihrer Partnerschaft war die Verliebtheit noch so groß, dass sie im Strudel des Alltags diesem Umstand keine Aufmerksamkeit geschenkt hatten und sehr viel alleine sein wollten – doch mit der Zeit veränderte sich dies. Immer öfter kam es zu Konflikten, da die Frau den Mann an ihrer Seite einforderte, der Mann jedoch lieber etwas mit seinen Landsleuten unternehmen wollte. Manchmal fanden sie einen Konsens, doch immer öfter blieben schmerzliche Gefühle und manchmal auch Zorn zurück.

Als dann der Großvater des Mannes erkrankte, begann die große Krise. Dieser lebte in Süditalien und wurde auch dort in das Krankenhaus eingeliefert, jedoch sollte die Pflege und Betreuung, wie dies in Italien größtenteils noch üblich ist, von der Familie übernommen werden. Das ist in seiner Art eine liebevolle Regelung, erfordert aber großen Einsatz und ist mit viel Engagement verbunden. Die Aufregung innerhalb der italienischen Familie war groß, und dem Ehemann wurde aufgetragen, zu seinem Großvater nach Italien zu fahren und eine Weile dort zu bleiben. Zuvor trafen sich in Deutschland mehrfach die Familienmitglieder und telefonierten mehrmals täglich.

Da sich die Frau bereits zurückgesetzt fühlte, konnte sie diesen Einsatz und die bereitwillige Übernahme der Familienverantwortung ihres Mannes nicht mehr tolerieren. Sie fühlte sich nun vollends abgedrängt und hatte das Gefühl, gegen die Familie ihres Mannes ankämpfen zu müssen. Sie zog und zerrte energetisch an ihrem Mann und wollte ihn bei sich behalten. Dieser wiederum wollte seine Familie mit ihren Vorstellungen nicht im Stich lassen.

Die Frau sehnte sich im Grunde nach der Aufmerksamkeit ihres Mannes und fühlte sich inzwischen so, als würde sie ihrem Mann gar nichts bedeuten, seine Familie jedoch alles.

Das andauernde Drängen seiner Frau ging dem Mann auf die Nerven, und er zog sich nur noch mehr zurück und wandte sich innerlich seiner Ursprungsfamilie zu.

Beide schimpften auf die jeweils landestypischen Erziehungsmuster des anderen und forderten so das kollektive Feld des Landes, den *Geist des Landes*, heraus. Energetische Reibungen waren die Folge, und da sich die Energiefelder, wenn sie sich in ihrer Existenz angegriffen fühlen, auch wehren, kann es sehr schnell sein, dass man sich in kürze mit diesen in einer energetischen Auseinandersetzung befindet. Dann ist es sehr wichtig, sich wieder mit ihnen auszusöhnen. Es gilt, sich für die Gefühle und Gedanken zu entschuldigen und sich darum zu bemühen, wieder mehr aus dem eigenen Landesfeld herauszukommen. Diese völkertypischen Energiefelder sind geprägt von den Lebensvorstellungen seiner Bewohner. Je intensiver die Prägung, umso stärker die Versuche, alle Mitglieder in den Feldern zu halten. Identifiziert man sich zu sehr mit einem landestypischen Feld, wird man manchmal ganz schnell mit uralten Mustern konfrontiert, die man als Individuum eigentlich gar nicht mehr teilen möchte.

Alles befindet sich im Wandel, alles soll sich verändern, und die eigenwilligen Aufbauten sollen mehr dem Willen Gottes übergeben werden. Deshalb ist es nicht gut, wenn man sich mit einstmals aufgebauten irdischen Feldern verbindet. Man kann liebevoll in ihnen leben, auch von ihnen inspiriert werden und harmonisch in ihrem Schwingungsfeld existieren; doch in Liebe und ohne Verurteilung frei zu sein, ist ein wichtiges geistiges Ziel, um den ungehinderten Strom von Lebensenergie zu fördern. Manche Menschen fühlen sich selbst noch sehr schwach oder glauben, dass sie von Gottes Kraft noch nicht in dem Ausmaß getragen werden, weshalb sie sich zum Schutz mit den existierenden Feldern verbinden. Sie schöpfen Kraft daraus, fühlen sich mit ihnen verbunden und werden dann natürlich auch von diesen getragen. Doch müssen irdisch aufgebaute Felder immer erhalten und genährt werden, damit sie existieren können, und die Kraft dazu werden sie immer von den dazugehörigen Menschen erhalten. Es wäre ein großer geistiger Schritt, wenn der Mensch immer mehr alte Felder auflösen könnte, um deren Energien und sein Selbst der Führung einer höheren Macht anzuvertrauen. Dann würde die Energie aus dem nie versiegenden Strom göttlicher Kraft fließen und den Menschen tragen.

Man kann sich an diesem Beispiel auch bewusst machen, dass die Menschheit sich immer weiter entwickelt. Alles ist auf dem Weg und wird lernen, sich stets intensiver mit dem Kraftstrom Gottes zu verbinden. Mit jeder neuen Inkarnation hat sich das Bewusstsein der Menschen weiterentwickelt. Mit jeder neuen Inkarnation ist die Wahrnehmungsfähigkeit größer geworden, weshalb man sich nie an den Bewusstseinszuständen der vorherigen Leben orientieren sollte. Aus diesem Grund sollte man sich auch nicht an den alten Mustern irdischer Vorstellungen festhalten und die alten Felder pflegen. Diese sollten selbst im Wandel sein, um sich irgendwann, wenn der Mensch sie nicht mehr als Halt und Stütze benötigt, auflösen zu können. Hier wird offensichtlich, auf welche Weise die individuelle Kraft zur Erschließung der höheren Energien für den Einzelnen an Bedeutung zunimmt. Die alten kollektiven Schutzfelder sollen sich in Liebe auflösen, und die individuelle Wahrnehmung der göttlichen Kräfte soll weiter gefördert werden.

Es ist allerdings wichtig, den alten Traditionen nicht mit Gefühlen der Ablehnung oder Verachtung zu begegnen. Sie enthalten sehr oft viele Seelen-Teilaspekte von Menschen, die es einmal wirklich gut gemeint hatten und nur so ihren Weg sehen konnten. Es ist wichtig, diese Programme in Liebe zu betrachten, sie umzuwandeln und aufzulösen, damit die enthaltenen Seelenpartikel wieder zu ihren Gründern zurückkehren können. Diese werden dringend benötigt, damit auch hier weitere Befreiung und geistiger Fortschritt einsetzen kann.

Es kommt gelegentlich vor, dass ein Mensch in der Bewertung eines anderen sagt: „Der verhält sich wie ein alter Aristokrat.“ Damit soll ausgedrückt werden, dass dieser sich gerne bedienen lässt und dann gnädigst bedankt. Oder es heißt: „Das ist ein Gentleman der alten Schule.“ Vielleicht fällt aber auch der Satz: „Der führt sich auf, als wäre er der Star-Reporter, dabei soll er nur einen Artikel für die Schülerzeitung schreiben.“

In all diesen Fällen haben die so bewerteten Menschen meistens den Kontakt zu jenen bestehenden Feldern geschaffen, die sich genau aus diesen Schwingungen aufgebaut haben.

Jeder Berufszweig, jeder Ort, jedes Haus, jede Familie, jedes Land und selbst ganze Kontinente haben ihr eigenes Schwingungsfeld. Befindet man sich beispielsweise in einer Bäckerei, die Familie Schulze seit Generationen führt, befindet man sich automatisch bereits in vielen Felder. Das Feld der Familie im persönlichen Bereich, das Schwingungsniveau der Räumlichkeiten, die Strategie ihrer Geschäftsführung, das Feld des Hauses, des Ortes, des Landes und des Volkes, um nur die wichtigsten zu nennen. Der Sohn ist bei der Freiwilligen Feuerwehr, die Tochter tanzt Samba und die Eltern lieben Mozart. Dazu hat natürlich jedes Familienmitglied noch sein ganz eigenes Schwingungsfeld, das zusammen wiederum das Familienfeld im persönlichen Bereich ausmacht. Der Mensch ist immer von einer Vielzahl von Energiefeldern umgeben, die mitunter große Schwierigkeiten bereiten können, befindet man sich in Disharmonie mit ihnen.

Die Energiefelder einzelner Berufsgruppen kann man sehr deutlich erleben, wenn man als Experiment einmal einen weißen Arztkittel anzieht und zum Einkaufen geht. Alle glauben, man sei Arzt, und die Menschen stärken damit noch zusätzlich die aufgebaute Energie. Die Kraft, die aus solchen Kontakten gewonnen wird, kann sehr groß sein, und manche Menschen nutzen die Kraft solcher Felder, um sich besser zu fühlen oder sich herauszustellen. Alle Trachten- oder Berufsgruppen-Kleidung ist darauf ausgelegt, das gemeinsame Energiefeld zu erhalten, die einzelnen Mitglieder zu integrieren und den geistigen Inhalt zu bewahren.

Gemeinsame Energiefelder bauen sich immer dann auf, wenn mehrere Menschen zusammen sind. Das ist ein Gesetz des Lebens. Wenn die Menschen einander nicht binden möchten, sondern vielleicht sogar gemeinsam einem höheren Ziel entgegenstreben, kann sich ein wunderbares Kraftfeld gestalten. Es gesellen sich zu solchen Schwingungsfeldern voller Freude lichtvolle Wesenheiten hinzu und fördern die Nähe zur Göttlichen Welt. Ein gemeinsames Gebet kann bereits viel bewirken. Das Energiefeld einer solchen gemeinsamen Schwingung kann sich weit ausdehnen und viel Gutes verursachen.

Leider binden die meisten irdischen Energiefelder den Menschen, wenngleich es in den meisten Fällen gar nicht bemerkt wird, da der Mensch sich so an die Bindung gewöhnt hat, dass er sie als normal empfindet. Fällt sie dann im Laufe der Entwicklung weg, ist man ganz überrascht, wie frei man sich plötzlich fühlt.

Wenn man sich umschaut, wird deutlich, mit welchen Bergen von Forderungen, Pflichten und Gesetzen der Mensch täglich konfrontiert wird. Das Verkehrswesen fordert bestimmte Richtlinien, und auch das Arbeitsfeld ist genau vorgegeben. Die Nachbarn erwarten Regeln des Zusammenlebens, und man sollte einigermaßen „normal" angezogen sein, um in der Gesellschaft oder am Arbeitsplatz akzeptiert zu werden. Überall wirken die Anforderungen auf das Energiefeld des Menschen ein. Alles Leben spielt sich in Wahrheit auf der Ebene von Energie ab; Energien, bestehend aus Emotionen und Gedanken, die sich zu mehr oder weniger starken und starren Kraftfeldern verdichten können. So wirken auch Erziehungsmuster häufig sehr bindend. Männer sollen nicht weinen, keine Gefühle zeigen und so ihre innere Weiblichkeit verdrängen. Frauen sollen nach den alten Vorstellungen nur für Kinder und Familie da sein, sollen dies und das nicht tun, damit sie nicht auffallen, sollen gut dastehen und als vollwertiges Mitglied der Gesellschaft angesehen werden.

Doch je mehr Forderungen und Pflichten das persönliche Energiefeld erfüllen, umso weniger hat der inspirierende freie Fluss aus höheren Ebenen Raum. Je mehr der Mensch sich verspannt, um all den Forderungen nachzukommen, umso stärker werden die Energieblockaden in seiner Aura. In den meisten Fällen würden die Menschen den Anforderungen von Familie und Beruf aus freien Stücken ohnehin nachkommen, doch der Druck von außen kann das Aura-Feld wirklich erdrücken. Deshalb ist es hilfreich, im Inneren nach Ursachen für Druck und Verkrampfung zu suchen. Wenn man mit guter Absicht um Unterstützung bittet, können die geistigen Helfer manche Erkenntnisprozesse einleiten. Das Sehnen und der Wunsch nach innerer Freiheit öffnet die Pforte. Dann kann man sich als Mensch freier und glücklicher bewegen und trotzdem konsequent die Ablösung seiner karmischen Altlasten voranbringen.

Sehr oft ist die Erfüllung von Pflichten auch mit Gewohnheiten verbunden. Gewohnheit blockiert die Inspiration. Geht der Mensch nur seinen ausgetretenen Lebensbahnen nach, kann er schwerlich von höheren Kräften inspiriert werden. Manchmal wirkt es erlösend, wenn man alles einfach einmal anders macht. Man wird vermutlich bemerken, dass aus dem eigenen Inneren sogleich Widerstände auftauchen, die sagen, man könne dies oder das doch nicht tun, oder dass es so, wie es war, schon immer gut war. Daher wird es auch in Zukunft so sein. Je massiver solche Widerstände auftauchen, umso wichtiger ist es, sie zu überwinden. Erst wenn eine Beziehung frei geworden ist von der Manipulation durch äußere Energiefelder, kann sie ihre eigene innere Schönheit entfalten.

V.
ROLLENSPIELE IN BEZIEHUNGEN

Jeder Mensch spielt in vielen Bereichen seines Lebens eine Rolle. Dieser Prozess endet erst, wenn der betreffende Bereich mittels Erkenntnis durchdrungen wird.

Der häufigste Hintergrund für die Übernahme einer Rolle ist das Bedürfnis, dem anderen zu gefallen, seiner Liebe sozusagen gerecht zu werden oder seinen Anforderungen und Bedürfnissen nachzukommen. Man möchte angenommen und geliebt werden. Dieses Verhalten kann man bereits im Baby-Alter erkennen, woraus deutlich wird, dass diese Muster sehr tief im Menschen eingegraben sind. Die Liebe, die von außen kommt, ist ein wichtiger Energielieferant für die Entwicklung eines Menschen. Bis er selbst genügend gefestigt ist, benötigt er für sein Überleben die Liebe von anderen Menschen, die ihn halten, stärken und auf seinem Weg vorbereiten. Die Aura ist beim Kind noch schwach ausgeprägt, und die Liebe schützt den jungen Menschen vor negativen Kräften.

Nachstehend soll das Rollenverhalten dahingehend beleuchtet werden, wie der Mensch freier werden kann, um seine Bindungen zu erkennen und nach eigenem Ermessen wieder aufzulösen, um endlich er selbst zu sein und die freien Ströme göttlicher Kraft in sich fließen zu lassen.

Das Ergründen von Rollenspielen dient vor allem dazu, die persönliche Freiheit zu erreichen und in Liebe und Toleranz die Ereignisse wahrzunehmen und Bindungen aufzulösen. Es soll den Menschen in eine größere Freiheit entlassen, ohne dass er sich mit unbewusst wirkenden Zwängen aufhalten und sich von diesen manipulieren lassen muss.

Manche Rollenspiele hängen sehr eng mit Illusionen zusammen. Nehmen wir als Beispiel die alltäglichen Vorstellungen vom „Sinn des Lebens“. Von der Gesellschaft wird dem Menschen vorgegeben, welchen Sinn sein Leben haben soll und wie er sich zu verhalten hat, um dieser Vorgabe gerecht zu werden. Gegenwärtig stellen etwa Versicherungen dieses Trugbild des Lebens in ihrer Werbung in den Vordergrund. Es beinhaltet in chronologischer Reihenfolge die Geburt des Kindes, seine Schulzeit, den ersten Kuss, Heirat und Kinder, bei Männern noch den erfolgreichen Beruf und im Alter möglichst eine gute Rente und Gesundheit. Wer diese Vorgaben am besten erfüllt, ist angeblich ein glücklicher Mensch.

Das ist äußerlich ein durchaus erstrebenswertes Ziel, jedoch ist dies längst nicht alles und auch nicht für jeden richtig. Für manche Menschen der heutigen Zeit sind Heirat und Elternschaft nicht Bestandteil des Lebensplanes. Sie haben andere Aufgaben und sollten sich von den Inspirationen ihres Inneren führen lassen und nicht von den Vorspiegelungen der Welt. Über den Instinkt kann das Tier einen geistigen Impuls empfangen und wird ohne viel Bewusstsein danach handeln. Der Mensch wird teilweise ebenfalls von Instinkten gelenkt, welche bis zu einem gewissen Entwicklungsstand ganz sicher von größter Wichtigkeit waren. Doch kommen bei ihm auch noch die Einflüsse von gewaltigen, selbst aufgebauten Energiefeldern dazu, die das Zusammenleben bestimmen wollen. Diese versuchen immer wieder, selbst jene Menschen zu manipulieren, welche bereits von einer höheren Ebene viel Inspiration empfangen. Man sollte sich bewusst machen, dass immer wieder Empfindungen und Sehnsüchte an die Oberfläche des Bewusstseins drängen, die von außerhalb oder von alten karmischen Prägungen herrühren. Mit Achtsamkeit können solche Einflüsse jedoch erkannt und transformiert werden.

Die Intensität einer Beziehung oder die Art des Zusammenlebens von zwei Menschen sollte immer von der Wahrnehmung im Inneren der Betreffenden bestimmt werden und nicht von Vorstellungen der Gesellschaft, die sich über die Jahrhunderte verkrustet haben. Wenn der Mensch sich nur an den Vorstellungen ausrichtet, die ihm von außen vorgespiegelt werden, kann er keine wahrhaften Informationen aus seinem Inneren empfangen. So mögen Heirat und Familienleben durchaus im Plan seines Lebens enthalten sein, doch sollte dies immer aus freien Stücken geschehen und nicht, weil die Eltern, Großeltern und Urgroßeltern es bereits so gelebt haben. Was für jene vielleicht richtig war, auch wenn sie in ihre Rollen hineingeschoben wurden, könnte sich für die heutige Zeit völlig anders gestalten.

Die heutige Zeit ist eine völlig andere, und die meisten Menschen haben bereits viele Inkarnationen durchlebt, in denen sie sich um Kinder und Familie gekümmert haben. Heute sollen sie vielleicht alleine leben und wohnen, sollen geistig wachsen und sich loslösen von den bindenden Vorstellungen der jeweiligen Gesellschaft. Möglicherweise sind ihnen geistige Aufgaben übergeben worden, die sie nur im Allein-Sein oder beim Allein-Wohnen erfüllen können, da sie sonst zu sehr in die alten Energien zurückfallen würden, nur noch ein guter Familienmensch zu sein versuchten und dann ihren Aufgaben nicht mehr nachkommen könnten.

Jegliche geistigen Richtlinien können für einen Menschen, der sich auf dem spirituellen Weg befindet, stets in seinem Inneren wahrgenommen werden und erfolgen in enger Harmonie mit der geistigen Führung. Dann gereicht diese Lebensführung nicht zum Nachteil für andere Menschen, sondern dient stets der Allgemeinheit. Jeder sollte selbst für sich entscheiden, frei von alten Vorstellungen und fremden Prägungen.

So kann es durchaus sein, dass ein eigenständig fühlendes altes Vorstellungsbild im Inneren eines Menschen sehr viel Leid empfindet, weil das vorgestellte Lebensziel nicht in Erfüllung geht. Dieses Ziel stellt sich den Traummann oder die Traumfrau vor, das endlose Glücklichsein an der Seite des geliebten Partners, und will keine anderen Lebenslagen zulassen. Doch dieser Mensch soll sich im Inneren vielleicht um wichtige geistige Erkenntnisprozesse kümmern und eine Partnerschaft, so wie sie ihm vorgespielt wird, würde ihn gänzlich von seinem Weg abbringen.

Noch immer tragen viele Menschen den Impuls in sich, sich weitgehend aufzugeben und ihr Leben nur an einem Partner auszurichten. Doch dies stellt in der heutigen Zeit nicht mehr das primäre Ziel dar. Jeder einzelne Mensch sollte in der Lage sein, sein Leben selbstständig zu gestalten. Eine Selbstaufgabe, zu der viele Menschen neigen, kann nicht das Ziel des geistigen Weges sein. Sobald dieser Sachverhalt wahrhaft erfahren und erkannt wird, leitet die geistige Führung mitunter innerhalb kurzer Zeit eine inspirierende Partnerschaft ein, jedoch nicht, um sich im anderen zu verlieren, sondern um Seite an Seite einen inneren Weg zu gehen. Dazu muss man gar keine großen Umwälzungen einleiten. Es genügt, den inneren Impulsen nachzukommen, bereit zu sein für anstehende Aufgaben und sich selbst nicht immer als so wichtig zu erachten. Viele Menschen tragen Teilbereiche ihres Wesens in sich, denen es vor allem um die Erfüllung ihrer inneren Vorstellungen geht, die sie unbedingt erreichen wollen. In solchen Fällen werden Beziehungen immer mit Problemen behaftet sein, bis die Beteiligten erkennen – der Mensch soll sich in seiner geistigen Suche nicht am Menschen, sondern an Gott orientieren.

Ein großer Trugschluss und eine hartnäckige Illusion ist die Vorstellung, es gäbe *einen Idealpartner*. Einen perfekten Menschen, der all das verkörpert, was man sich von einem Partner erträumt, der einem alle Wünsche von den Augen abliest, der einen mit

Geschenken überhäuft, mit dem man bei den Mitmenschen vielleicht ein wenig angeben kann, auf den man stolz sein kann und mit dem man alles gemeinsam macht. Mit diesem Lebenspartner herrscht dann immer nur eitel Sonnenschein. Von ihm wird man nie verletzt. Er macht alles so, wie man es sich vorstellt, und natürlich hat man mit ihm auch ein erfülltes Sexualleben. Solche Idealbilder sind reine Illusion. Jeder Mensch hat das Recht, sein eigenes Leben zu leben und seine eigenen Vorstellungen zu verwirklichen. Er sollte nicht auf das Erfüllen irgendwelcher Idealbilder reduziert werden. Es zeigt auch eine fehlende Achtung vor dem Nächsten, wenn man den Partner nicht mit seinen eigenen Tugenden und Untugenden akzeptiert, sondern ihn so haben will, wie man sich das gerade auf dem derzeitigen Zustand seiner Entwicklung erträumt.

Hier stellt sich die entscheidende Frage: Ist man das überhaupt selbst, der sich dieses Bild vorstellt, oder werden die Menschen gerade in diesem Bereich extrem fremdbestimmt? Wird dem Menschen nicht auf geschickte Weise eine eigenwillige Vorstellung eingegeben, die in letzter Konsequenz auf eine Nicht-Akzeptanz des Mitmenschen hinausläuft? Ist es nicht sogar großer Egoismus und eine mangelnde Bereitschaft, das Leben so anzunehmen, wie es ist, mit all seinen Lernvorgaben und Erkenntnismöglichkeiten?

Hier wird bereits deutlich, wie sehr man auch als geistig strebender Mensch in alten Vorstellungen verhaftet sein kann. Der Einzelne neigt dazu zu fordern, dass es einem gut geht und alle Bedürfnisse gestillt werden. Es fällt manchmal schwer, in allen Bereichen zu erkennen, wo der Eigenwille, das eigene Bedürfnis oder Fremdmanipulation wirkt. Selten lassen sich die Menschen in ihren Partnerschaften führen, sondern setzen vielmehr stets den eigenen Willen ein, um die gewünschte Partnerin oder den gewünschten Partner zu bekommen. Glücklicherweise stehen der geistigen Führung viele Möglichkeiten offen, und so wird im Normalfall das wahre Streben der Menschen berücksichtigt und nicht die falschen Vorstellungsbilder, welche die Persönlichkeit vielleicht in ihrer Jugend vermittelt bekommen hat.

Der Mensch kann erst dann glücklich werden, wenn er mit allen inneren Seelenteilen erkennt, dass es ihm dann am besten geht, wenn er sich seinen Aufgaben stellt und die Beziehung in der Art und Weise annimmt, wie sie ihm gegeben wird. Dann vergeudet er keine kostbare Kraft im Verändern dieser Wege oder im Erhalten aufgebauter Wunschbilder, sondern betrachtet in der Gegenwart, im Hier und Jetzt, seine Vorgaben und arbeitet damit. Die Energieverschwendung ist enorm, die es mit sich bringt, wenn man sich immer nur gegen seine Aufgaben stellt. Nicht selten freuen sich die noch dunklen Wesen über einen Menschen, der sich weigert anzunehmen, was ihm an Aufgaben gestellt wird, und sich sträubt und Energie einsetzt, um dies zu verändern. Groll, Hader, Neid und Missgunst werden als lieblose Energien von diesen Wesen aufgesogen und dienen zu ihrem Erhalt. So wird der Mensch zum Ernährer dieser lieblosen Einheiten und erkennt es nicht. Er glaubt, für sich und seine Vorstellungen zu kämpfen und merkt gar nicht, dass er ständig in die Irre geht. Wenn Menschen mit großer Vehemenz auf ihre Privilegien pochen und mit viel Energie oder lautem Gezeter an ihren Vorstellungen festhalten, kann man grundsätzlich davon ausgehen, dass sie von dunklen Wesen und alten Gedankenfeldern dazu getrieben werden und nicht wirklich aus ihrer Innerlichkeit heraus handeln. Wahres Wissen lässt frei, lässt auch den anderen gewähren und muss nicht lautstark um sein Ansehen streiten.

Die innere Inspiration benötigt keine lautstarken eigenwilligen Kräfte. Sie wirkt aus sich heraus und lässt das Leben in der Gewissheit geschehen, dass das Göttliche alles Leben trägt und alles einen tieferen Sinn aufweist. Menschen, die sich führen lassen, wissen, dass das Göttliche die stärkste Kraft darstellt und Umwege zwar immer wieder vorkommen, aber letztendlich die Wahrheit sich durchsetzt.

Hier zeigt sich ein weiterer wichtiger Aspekt in Beziehungen – das sogenannte „Gewinnen". Der Mensch ist in vielen Inkarnationen geprägt worden zu glauben, er sei dann ein guter Mensch, der anerkannt und gewürdigt werde, wenn er der Stärkere sei. Stärke hat sich als Idee über die Jahrtausende derart in den Gedanken und Emotionen der Menschen manifestiert, dass man angeblich dann stark ist, wenn man das letzte Wort und Recht hat und keine Schwächen eingesteht. Doch ist dies nicht der Weg wirklicher Spiritualität. Der Mensch soll durchaus erkennen, wenn er als Marionette von anderen Menschen missbraucht wird, und sich davon befreien, um seinen eigenen Weg zu finden. Das Gebot von der anderen Wange, die hingehalten werden soll, will zum Ausdruck bringen, inwiefern Liebe die wirksame Kraft bei der Auflösung von Problemen darstellt – und nicht der Kampf. Letzteres entspricht der alten Energie; doch der Mensch soll sich für die neue Botschaft der Liebe öffnen.

Wenn Menschen unterdrückt werden, dann verlieren sie Energie. Diese Energie wird von jenen aufgesogen, die glauben, das Recht zu haben, sich über andere zu erheben und sie zu unterdrücken.

Das Urteil über ein solches Vorgehen ist schnell gefällt, doch sollte sich jeder bewusst machen, dass nahezu alle Menschen solche Züge in sich tragen. Sie sind über die Jahrtausende in den Menschen hineingehämmert worden, doch ist es jetzt an der Zeit, diese wieder aufzulösen. Daher braucht sich niemand in seiner „Ehre" gekränkt oder sich schlecht zu fühlen, der vielleicht von anderen darauf hingewiesen wurde, dass auch er solche Züge in sich trägt. Es ist ganz in Ordnung, solche Charakterzüge in sich zu fühlen, wichtig ist nur, mit ihnen zu arbeiten und sie mit der Zeit abzulegen.

Es ist nicht wichtig, wie jemand in eine Situation hineingeführt wird, es ist wichtig, wie er wieder herauskommt.

Bei einer Energieabnahme, die über das Niederdrücken oder Recht haben erreicht wird, wird immer der sogenannte Sieger mit dieser Energie gespeist, während der Verlierer den Verlust meist als Energielücke empfindet, welche er zu gegebener Zeit wieder auffüllen möchte. Beides entspricht nicht den geistigen Gesetzen. Gott allein kann den Energiehaushalt des Menschen auf sinnvolle Weise speisen. Wer sich auf Gott ausrichtet, wird von ihm immer und ewig mit Kraft erfüllt und muss nicht von anderen Menschen seinen Energiebedarf decken. Dies ist ein Lernprozess, der über die Jahrtausende erfahren werden konnte. So kann es vorkommen, dass ein Mensch von großer Liebe durchflutet wird und dennoch einen alten Teil in sich trägt, der glaubt, immer noch über diese Art von Energieaufnahme sein Energieniveau sättigen zu dürfen. Zu gegebener Zeit wird dann die geistige Führung eine Situation einleiten, die es dem Menschen ermöglicht, genau diesen Teil seines Selbst zu erkennen. Dann sollte auch er nicht über sich urteilen, sondern einfach erkennen, dass noch ein Bereich in ihm einer alten Prägung folgt. Großer Segen kann ihn erfüllen, wenn er sich in Liebe diesem Teil zuwendet, bis er erkennt, dass Gott ihn ewig mit Lebenskraft versorgt.

Wenn man die Situationen des Alltags beobachtet, kann man noch viele Menschen erleben, denen es hauptsächlich daran gelegen ist, im Gespräch Recht zu behalten. Sie sind in vielen Fällen von ihren Eltern energetisch nicht genügend unterstützt worden und versuchen nun, diesen Mangel an Energie wieder auszugleichen. Sie erzählen nur von sich selbst, haben zu allem etwas „Wichtiges" zu sagen und lassen manchmal das Gegenüber gar nicht aussprechen, da sie sofort etwas wissen, was sie unbedingt zum Besten geben möchten. Sie halten nur sich selbst für wichtig und können auf andere gar nicht eingehen. Solche Menschen können ein Gegenüber gar nicht annehmen, können einen Freund oder Partner nicht in der Tiefe erfassen, was dieser sehr schnell bemerken wird. Ist er ähnlich ausgerichtet, können solche Menschen stundenlange Gespräche miteinander haben, aber gesagt wurde letztendlich nichts.

Hinsichtlich der Vorstellung eines idealen Partners gilt in umgekehrtem Sinne das Gleiche. Um einem Partner zu gefallen, spielt man ihm nicht selten die Rolle des perfekten Gegenübers vor. Man ist mitfühlend, tolerant, findet das toll, was auch der Partner gut findet und versucht, sich in vielen Punkten anzupassen. Man verleugnet seine eigene Persönlichkeit und verbiegt sich in der Art, wie man glaubt, dem Gegenüber zu gefallen. Die eigenen Bedürfnisse werden in den Hintergrund gerückt, um ja als gute Partie erscheinen zu können. Besonders Frauen neigen zu diesem Spiel, da ihnen immer wieder nahegelegt wurde, dass sie sich anzupassen hätten, nicht egoistisch oder fordernd erscheinen dürften und nicht den Unwillen des Mannes heraufbeschwören sollten.

Dieses Rollenverhalten unterdrückt das wahre Wesen, und man/frau ist geneigt, eine Rolle zu spielen, die sich jedoch meist im weiteren Verlauf einer festen Beziehung mit allen Facetten zeigt. Es ist bekannt, dass man sich zu Anfang einer Beziehung besonders bemüht, jedoch sollte man vermeiden, sich zu verleugnen und seine eigenen Bedürfnisse gar nicht darzustellen. Wenn eine Seele nach Höherem strebt, wird ohnehin alles ans Licht kommen. Es ist für eine offene Beziehung immer das Beste, wenn man sich so gibt, wie man ist. Die Wahrheit kommt ans Licht – und spätestens dann zeigen sich die Konsequenzen. Nicht selten haben sich in der Zeit der Selbstverleugnung zahlreiche Situationen ergeben, in denen viel Energie gespeichert wurde. Energie, die sich aus all den angestauten unguten Empfindungen und Gedanken zusammensetzt. Diese Energiefelder drücken im Moment der Verarbeitung ebenfalls an die Oberfläche und können im ersten Moment eine vollständige Auflösung sogar blockieren. Diesen Umstand kann man vermeiden, indem man umgehend und klar seine Bedürfnisse und Wahrnehmungen äußert, auch in dem Bewusstsein, dass man vielleicht selbst derjenige ist, der an sich arbeiten muss.

Die Menschen spüren ohnehin in der heutigen Zeit, mit den sich allmählich verfeinernden Wahrnehmungen, wenn etwas nicht stimmt, wenn irgendetwas verborgen gehalten wird. Die Schwingungen der Aura sind anders fühlbar, als es das gesprochene Wort vermittelt. Dies führt nicht selten dazu, dass das Gegenüber in irgendeiner Weise in seinem Inneren eine Blockierung wahrnimmt und diese auf die gesamte Beziehung projiziert. Spricht man jedoch offen über seinen wirklichen Gefühlszustand oder seine Vorstellungen, können diese inneren Blockierungen und Unklarheiten oft sehr schnell abgebaut werden. Mit einer offen ausgesprochenen Angst, verletzt zu werden, oder mit der Mitteilung, dass man dem immer wiederkehrenden Gefühl von Eifersucht ausgesetzt ist, kann der Partner meist ganz gut umgehen. Selbst wenn es nicht der Fall sein sollte, verschiebt man die Klärung nur nach hinten und gaukelt sich etwas vor. Die Auflösung steht später ohnehin an.

Das Beste ist es, ganz offen über seine Gefühle zu sprechen. Ist wahre Liebe vorhanden, wird das offene Gespräch als wirklicher Liebesbeweis gewertet, das Verschweigen eher als Missachtung des Menschen in seiner Existenz. Es führt zu großer Erleichterung und Freiheit, wenn man dem Partner nichts vorspielen muss. Die Energien fließen klar, da man zu dem stehen kann, was man sagt und was man tut. Zur Erhaltung einer Scheinwelt wird sehr viel Energie benötigt, und sie hemmt den Menschen in seiner Entfaltung. Mit der Zeit will sie sich selbst erhalten und entzieht sich dem Zugang des Menschen bis zu einem gewissen Maß.

Wenn man aufrichtig an sich selbst arbeitet, gibt es kein Verurteilen mehr, und vorhandene Schwächen können mit viel Liebe überwunden werden. Lebt man jedoch in ständiger Angst, für seine sogenannten Fehler gerügt und getadelt zu werden, kann dies zu einer großen Blockade auf dem geistigen Weg werden. Ist ein Partner gar nicht bereit, die Arbeit an sich selbst zu beginnen oder auch Fehler einmal hinzunehmen, steckt er meist selber noch voller unverarbeiteter Energien und kommt nicht weiter. Wer verurteilt, sich selbst oder andere, blockiert sich selbst ständig den Weg und wird von der geistigen Führung dahingehend nicht unterstützt. Ver-ur-teilen bedeutet, sich von der Urkraft abzuwenden, man teilt sich von der Ur-Kraft ab. Auch wird in diesen Momenten der andere abgewertet und in seiner Entfaltung unterdrückt, was bedeutet, dass Energie abgezogen und vom Verurteiler aufgenommen wird. Hat ein Mensch noch Bereiche in sich, die sich auf diese Art und Weise Energie und Halt besorgen müssen, wird es höchste Zeit, um daran zu arbeiten.

Ein weiterer wichtiger Aspekt in der Beziehung von Rollenübernahmen ist es, sich bewusst zu werden, dass junge Menschen nicht mehr die Verhaltensmuster ihrer Eltern übernehmen wollen. Das Beispiel von Renate macht dieses Vorgehen sehr deutlich.

Renate und Karl-Heinz waren bereits seit einiger Zeit ein Paar, als sie beschlossen, zusammenzuziehen und zu heiraten. Karl-Heinz war der älteste Sohn einer Handwerker-Familie und sollte das elterliche Geschäft übernehmen. Es bot ihm eine sehr gute Grundlage, alles war vorhanden und die Arbeit bereitete ihm Freude. Er beendete seine Lehre in der nahe gelegenen Großstadt bei seinem Onkel und war für Neues sehr offen. Mit vielen guten Ideen, die auch seinen Eltern Freude bereiteten, malte er sich eine gute Zukunft aus.

Während seiner Lehrzeit in der Großstadt traf er Renate, und beide verliebten sich heftig ineinander. Sie fühlten sich frei, lebten jeweils in einer kleinen Wohneinheit mit Freunden und führten ein lockeres Leben. Sie waren stolz darauf, in ihrer Zukunftsgestaltung frei zu sein; denn Karl-Heinz hätte auch einen anderen Weg einschlagen können, als den, wieder in den heimatlichen Betrieb einzusteigen. Beide beschlossen voller Überzeugung, dieses freie Gefühl immer beibehalten zu wollen und sich nicht von den kleinlichen Gegebenheiten des Alltags überwältigen zu lassen. Sie waren umgeben von einer Stadtenergie, die wenig persönliche Bindung verursachte, und fühlten sich frei und ungezwungen. Sie besaßen Lebensfreude und wollten diese auch beibehalten, um das Leben zu genießen. Sie wollten nicht, wie einst ihre Eltern, nur für den Betrieb und die Familie da sein, sondern sich auch etwas gönnen; nicht nur vor der Gesellschaft gut dastehen, sondern sich so geben, wie es ihnen gefiel. Diese Freiheitsbestrebungen wollten sie unbedingt einhalten.

Mit diesen guten Absichten zogen sie dann in das Haus der Eltern von Karl-Heinz ein. Sie bauten sich die obere Etage aus, die über einen eigenen Eingang verfügte und auch sonst sehr schön war. Renate arbeitete zwar im Nachbarort, doch war ihnen klar, dass sie bald eigene Kinder haben wollten. Ihr Leben schien noch immer frei und ungezwungen zu sein, doch stellten sich bald die ersten Veränderungen ein.

Das Zusammenleben mit den Eltern erwies sich doch nicht als so einfach, wie sie es sich vorgestellt hatten, und ganz langsam, fast unmerklich übernahm Renate die gleichen Vorstellungen, die ihre Schwiegermutter auslebte. Sie entwickelte sich zu einer penible Geschäftsfrau, die peinlich genau die Abrechnungen vornahm, zu den vorgegebenen Zeiten das Essen fertig hatte und Karl-Heinz fast genau so rief, wie es seine Mutter tat.

Die Mutter hingegen verwandelte sich zusehends. Sie veränderte ihre Frisur, ging Schwimmen und kümmerte sich immer weniger um den Betrieb. Das war ihr gutes Recht, schließlich war sie achtundsechzig Jahre alt und konnte ihren Ruhestand genießen. Auffallend jedoch war, dass sie plötzlich von einer persönlichen Freiheit erfüllt war, die sie noch nie zuvor ausleben konnte. Die ganzen alten Zwänge und Prägungen der Familienenergie waren auf die Schwiegertochter übergegangen. Obwohl oder vielleicht gerade weil sie sich so sehr gewehrt hatte, wurde sie von diesem Rollenverhalten ergriffen.

Es ist in den meisten Fällen so, dass man genau dies als Aufgabe benötigt, was einem am meisten widerstrebt oder dem man am meisten entfliehen möchte. Im Geistigen gibt es das *Nicht* oder das *Nein* nicht. Alles, was gedacht oder gefühlt wird, ist im selben Moment existent. Wenn man sagt, man möchte dies oder das nie haben, zieht man es damit unweigerlich an. Je öfter solche Gedanken gedacht oder Gefühle gefühlt werden, umso intensiver wird es.

Würde sowohl bei Karl-Heinz als auch bei Renate nicht noch ein innerer Hang und ein Zwang nach der Erfüllung der alten Norm vorhanden gewesen sein, hätten sie so ihr Leben gelebt, wie sie es wollten – und es wäre ihnen gelungen. Da sie jedoch im Inneren mit bestimmten Bereichen noch an den alten Mustern festhingen, hatte ihnen das Leben diesen Umstand nun als Aufgabe vorgelegt.

Als der Unwillen immer größer wurde und auch Renate bei Karl-Heinz entdeckte, dass er nur noch arbeitete, vor seinen Kunden duckmäuserte und sich sogar verleugnen ließ, erfasste sie die blanke Wut. Die Klärung erfolgte in einer heftigen, sehr emotionalen Auseinandersetzung, doch konnten die beiden im Laufe dieses Gespräches und Streites erkennen, in was für eine Lage sie sich selbst hineinmanövriert hatten. Ihnen wurde bewusst, dass sie haargenau die Rollen eingenommen hatten, die sie vermeiden wollten und welche die Eltern von Karl-Heinz ihnen jahrelang vorgelebt hatten.

In diesem Fall kann man gut erkennen, wie die beiden Personen in bestehende Energiefelder und Rollenstrukturen hineingeraten sind, welche bereits die Eltern ausgelebt und gespeist haben. Die Eltern hatten noch nicht die notwendige Kraft besessen, um sich diesen Rollen zu entziehen, den beiden Kindern stand jedoch für die Erkenntnis und Wandlung dieser Felder sehr viel mehr Energie zur Verfügung. Es war nicht leicht für die beiden, und sie vereinbarten immer wieder Zeiten der Aussprache, um sich zu kontrollieren, ob sie nicht wieder in alte Muster hineingeraten waren. Sie verurteilten nicht die alten Verhaltensfelder, die sich zwar bindend, jedoch nicht böse ausgewirkt hatten. Sie verfielen nicht in Zorn auf die ältere Generation, die es noch nicht besser konnte, sondern nahmen den Zwang als bestehende Aufgabe hin und versuchten, ihn zu wandeln. Der Familiengeist, der alles zusammenhielt, wurde verändert, seine Zwänge aufgelöst und das Leben, so wie sie es sich vorgestellt hatten, wurde immer mehr Wirklichkeit.

Der nächste Fall stellt ein weiteres gutes Beispiel für typisches Rollenverhalten dar.

Walter lebte seit fünf Jahren mit einer Freundin, die sehr eifersüchtig war. Sie kontrollierte ständig, wo er hinging und versuchte herauszubekommen, was er dort genau gemacht hatte. Sie war so eifersüchtig, dass sie keine Ruhe mehr fand und sich mit diesen Emotionen sehr quälte. Eines Tages machte sie Schluss mit der Beziehung, da sie ihre eigenen Emotionen nicht mehr aushalten konnte. Sie wollte lieber ein Ende mit Schrecken, als ein Schrecken ohne Ende. Einige Zeit nach der Trennung zeigte es sich, dass es ihr wieder sehr gut ging und sie sich wohl fühlte.

Nach einem halben Jahr lernte Walter wieder eine Frau kennen, mit der er eine Beziehung anfing. Am Anfang ging alles gut, doch mit der Zeit begann diese Frau genau die gleichen Züge zu entwickeln wie ihre Vorgängerin. Sie wurde so krankhaft eifersüchtig, dass er kaum mehr etwas unternehmen konnte, ohne dass sie ihm nicht eine gewaltige Szene machte. Sie war fest überzeugt, dass er eine andere hätte und sie betrügen würde, genau wie die Freundin vor ihr.

Was war hier geschehen? Die Freundin war über ihr eigenes Verhalten ebenfalls völlig verwirrt. Sie war zuvor nie eifersüchtig gewesen und konnte mit diesen machtvollen Emotionen kaum umgehen. Sie stachen wie ein Messer in ihr Inneres, und kurz danach war sie erfüllt von Misstrauen und Zorn. Sie wusste sich nicht mehr zu helfen.

Hier zeigte sich, dass eigentlich der Freund den eifersüchtigen Part darstellte. Er glaubte in keiner Weise, dass eine Frau treu sein könnte, und öffnete sich ihr nur mit einem Bruchteil seines Wesens. Er war in einem seiner Vorleben von einer Frau auf furchtbare Weise gedemütigt und verraten worden und verlor das Vertrauen in eine Beziehung. Auch seine erste Freundin hatte ihn wegen eines anderen Mannes verlassen, was die alten Erinnerungen an die Oberfläche gebracht hatte. Er verdrängte diese mit großer Kraft, doch die zwanghaften energetischen Muster waren in seiner Aura, in seinem ganzen Sein, noch immer vorhanden. Diese projizierten sich auf die Freundin, welche dann damit umzugehen hatte. So übernahm sie jene Rolle, die eigentlich die seine war. Das Eindringen seiner Energie in ihre Aura nahm sie wie den Stich eines Messers wahr. Es bohrte sich in ihren Gefühlskörper und wollte dann von ihr ausgelebt werden.

Es wurde schon öfters beobachtet, dass immer dann, wenn Menschen extrem eifersüchtig waren und mit Sicherheit annahmen, ihre Partner würden sie betrügen, diese unbewusst jene Projektion tatsächlich übernahmen und irgendwann diesen inneren Druck auch auslebten. Somit hatten sie jene Felder in ihrer Zwanghaftigkeit bestätigt, und die manipulierenden inneren Bereiche hatten „gesiegt". Nicht selten leiden die Menschen stark unter diesen inneren Zwängen, finden jedoch nur schwer Zugang zu einer Lösung. Hier kann nur wahrhaftes Vergeben helfen, ein Verzeihen, welches alle Ebenen durchdringt. Man muss sich lösen von der Vorstellung, dass einem selbst dies nie widerfahren dürfe, da man sonst ein Betrogener, ein Versager sei. Man sollte es immer als Aufgabe sehen, auch daraus zu lernen, um frei zu werden und alle Situationen in Liebe zu betrachten. Nur dann kann die wahre Auflösung alter Verhaltensmuster erfolgen.

Wer den göttlichen Willen anzunehmen bereit ist, wird erkennen, dass genau *diese* Situation, genau *der* Schmerz den Weg zur Vollkommenheit darstellt. Das Wehren dagegen verursacht eigentlich den Schmerz, nicht das Annehmen. Das Gut-Dastehen-Wollen, das Nicht-Verletzt-Werden-Wollen verursacht die Verspannung, nicht die demütige Hingabe an den Willen Gottes.

Immer wieder wird in den Gefühlen des Menschen deutlich, dass er nicht hintergangen werden will. Der Partner soll kein falsches Spiel spielen und ihn nicht belügen. Um dies für sich auch beweisen zu können oder gar um dem anderen seine sogenannte Schuld zu beweisen, wird die ganze Fülle von Kontrollverhalten offenbar. Auch die Bemühung, genau zu wissen, was der Partner gerade macht oder wie er sich verhält, verführt zu mancher Überwachung und Kontrolle. Das ist ein häufig anzutreffender Zug.

Es ist vorteilhaft, wenn man in dieser Hinsicht keine Erfahrungen mehr machen muss, jedoch ist es für viele Menschen noch immer ein Thema. Der Mensch wünscht sich Treue und Ehrlichkeit, wird dabei aber noch von alten Kontrollzwängen beherrscht und hängt manchmal sehr stark an dieser Forderung. Wenn dann aus alten Zeiten noch karmische Restlasten vorhanden sind, wird das Leben eine Situation herbeiführen, die zu einer Ablösung verhilft.

So lernte eine Frau ein Jahr nach ihrer Scheidung einen Mann kennen, den sie vom ersten Augenblick an unbedingt haben wollte. Er gefiel ihr gut, hatte eine angesehene Position und bot ihr wieder Stabilität und Halt. Er war jedoch seinerseits nicht bereit, für die Frau alles zu sein. Er war ebenfalls geschieden und hatte sehr viel Geld an seine Ex-Frau zahlen müssen. Seine monatlichen Belastungen waren sehr hoch, da seine Ex-Frau noch nicht wieder arbeitete und seine Tochter noch sehr klein war. Die Belastung, wieder eine Frau versorgen zu müssen, versetzte ihn in eine solche Panik, dass er ihrer kaum Herr wurde. So entzog er sich immer wieder der Beziehung und zögerte neue Treffen ständig hinaus. Mit allerlei Ausreden verschaffte er sich seine Freiräume und entzog sich einer festen Bindung.

Der Frau wiederum war sehr an einer festen Bindung gelegen, und sie wurde ihrerseits von ihren Vorstellungen und Forderungen überwältigt. Sie wollte erneut einen festen Partner, um sich in der Gesellschaft als vollwertige Frau zu fühlen. Sie glaubte, dies nur zu erreichen, wenn sie einen Mann an ihrer Seite hatte. Sie konfrontierte den Mann immer wieder mit ihren Forderungen und erreichte dadurch nur das Gegenteil ihrer Absichten. Er zog sich immer weiter zurück.

An einem Abend, als er seine Tochter für das Wochenende bei sich hatte, ging er einfach nicht ans Telefon, als es klingelte, obwohl er genau wusste, dass sie es war. Sie rief immer wieder an, doch er ging nicht an den Apparat. Sie wusste genau, dass er mit seiner Tochter zu Hause war und wurde von einer Woge der Emotionen heimgesucht, die sich aus Zurückweisung und Frust angestaut hatte. Sie fühlte plötzlich den unwiderstehlichen Drang, zu seiner Wohnung zu fahren und zu kontrollieren, was er gerade tat. Sie konnte die Ablehnung nicht ertragen und wollte unbedingt wissen, was vor sich ging.

Sie parkte am Abend ihren Wagen in einer Seitenstraße und schlich sich zu dem Appartementhaus, wo er seine Wohnung hatte. Über eine Anhöhe versuchte sie, in seine inzwischen erleuchtete Wohnung zu schauen und belauschte sogar seine Gespräche mit der Tochter, die sie über das offene Fenster hören konnte. Wenigstens war er anwesend und keine andere Frau im Spiel, stellte sie fest. Als sie wieder in ihrer eigenen Wohnung angekommen war, schämte sie sich plötzlich, und ihr Gefühlschaos wurde noch größer. Warum hatte sie sich nur aufgeführt wie eine....... . Sie wusste nicht, wie sie sich selbst nennen sollte. Sie fand ihr Verhalten einfach nur abstoßend und peinlich.

Erst nach einem Jahr, als die Beziehung bereits seit Monaten zu Ende war, erkannte sie langsam, was vermutlich in ihr vorgegangen war. Sie wollte unter allen Umständen wieder einen Versorger. Sie wollte unbedingt wieder einen Mann an ihrer Seite, den sie ihren Freunden und der Familie vorweisen konnte, weshalb sie alles unternahm, um ihn zu bekommen. Auch einen Kontroll- und Machtzwang, der in ihr vorhanden war, machte sie sich bewusst und versuchte in der Folge, von dem Zwang, einen Mann haben zu wollen, loszukommen. Die inneren Forderungen und Zwänge, die sich auf den Mann übertragen hätten, blieben in diesen Momenten an ihr hängen, und sie musste mit viel inneren Schmerzen diese Lasten verarbeiten. Aber nur so war es möglich, sich zu befreien. Andere Menschen oder gar ein Partner können diese Arbeit niemals abnehmen. Über die Kraft im Inneren können diese Strukturen verändert werden; denn die verbrauchte Energie für Emotionen und Gedankenprojektionen kann nur vom Menschen selbst wieder zurückgenommen und umgewandelt werden.

Solche inneren Ausrichtungen können nicht über den Verstand verarbeitet werden. Nicht die Erkenntnis kann hier eine Loslösung herbeiführen. Der Verstand hilft in der Wahrnehmung und bei der Sortierung der Gedanken und Gefühle, jedoch nur die Herzenskraft kann die Transformation einleiten. Es sind meist uralte Teilbereiche, die im Menschen zu einer Erkenntnis gelangen müssen. Es ist manchmal ein langer, schwerer Prozess, und bis zur endgültigen Befreiung muss vielleicht noch einmal eine ähnliche Situation herbeigeführt werden. Überwachung und Kontrolle waren in früheren Zeiten eher die Regel. Nicht Vertrauen, sondern Zwang und Machtausübung haben so manche Beziehung zusammengehalten. Diese alten Strukturen werden nun noch einmal aufgerollt, um verarbeitet werden zu können.

Auch ein verheirateter Mann wurde von einem solchen Kontrollzwang und einer Alles-Wissen-Müssen-Energie überwältigt. Seine Ehe war nicht mehr so aufregend und erfüllend, wie er sich dies wünschte, und seine Sehnsucht nach Begehrt-Werden und Anregung setzte sich bei der Nachbarin fest. Sehr oft werden innere Bedürfnisse, wenn sie in der bestehenden Ehe nicht mehr erfüllt werden, unbewusst auf andere Menschen übertragen, und man glaubt dann, der andere könne diese Gefühle befriedigen. Die Nachbarin, die in Scheidung lebte, hatte seit kurzem einen neuen Freund, und der Mann konnte irgendwie nicht ertragen, dass nicht er der Auserwählte war, sondern ein anderer. Es verfolgte ihn immerzu, und wo er nur konnte, versuchte er aus allen möglichen Fenstern einen Blick in das Nachbarhaus zu erhaschen. Glücklicherweise dauerte diese Phase nicht sehr lange, und er erkannte, dass diese Rolle nicht seinem Wesen entsprach. Eigentlich wollte er seine Frau gar nicht verlassen, sondern nur etwas Abwechslung haben. Er wollte eine Bestätigung seiner Attraktivität und hatte diese auf die Nachbarin übertragen. Er schämte sich seiner Handlung und hoffte, dass er nie wieder in solch einen Verhaltenszwang geraten würde.

Sehr viele Frauen wissen um den Beschützerinstinkt des Mannes. Eine hübsche, schwache Frau ist in den Augen der meisten Männer beschützenswert, was in ihnen eine ganz bestimmte uralte Energie entfacht, durch die sie sich automatisch zu dieser Frau hingezogen fühlen. Manche Frauen nutzen diese Seite des Mannes ganz bewusst aus, um zu ihren Zielen zu gelangen oder bestimmte Dinge zu erreichen, die sie sich vorgestellt haben.

Die Rolle des Eifersüchtig-Machens ist ebenfalls eine viel genutzte Taktik, um beim Partner den Besitzanspruch geltend zu machen und ihn über das Behalten-Wollen daran zu erinnern, wie wichtig die Partnerin vielleicht noch ist. Manchmal werden ganz gezielt Flirts eingesetzt, um dem Partner vorzuführen, dass man auch für andere Männer begehrenswert ist, weshalb dieser kämpfen sollte, um die eigene Frau zu behalten. Selbst vor Lügen macht man mitunter nicht Halt, um den Partner eifersüchtig zu machen. Doch was wird hierdurch erreicht? Es wird ein Gefühl aktiviert, welches Machtansprüche geltend machen soll, also Emotionen, die man eigentlich zu bearbeiten hätte. Dies kann sicher nicht der Weg sein, und man sollte sich um ein Gespräch und einen Austausch mit dem Partner bemühen. Das erreichte Ziel kurzfristiger Aufmerksamkeit hat nichts mit dem wahren Gefühl des Partners zu tun.

Es ist hilfreich, sich bewusst zu machen, dass überall dort, wo Menschen zusammenleben und eine Gemeinschaft bilden, auch ein Energiefeld entsteht, welches man auch als „Familien-Geist" oder „kollektives Gruppenfeld" bezeichnen kann. Auch wenn nur zwei Menschen zusammenleben, bildet sich mit der Zeit eine Energiestruktur, die sich um die beiden hüllt und sich an deren Wohnort befindet. Entsprechend der Persönlichkeiten setzt sich auch dieses Feld zusammen. Sind sie in Liebe und Harmonie verbunden, ist auch dieses Feld angenehm und licht. Entsteht mit der Zeit Streit, der nicht umgewandelt werden kann, oder Neid und Missgunst, so wird auch das Feld entsprechend geprägt. Dies zusammen bildet dann die Aura der Wohnung oder des Hauses.

Trennen sich nun zwei Menschen, müssen sie automatisch auch dieses Feld auflösen. So kann es sein, dass zwei Partner, die sich getrennt haben, ganz harmonisch in ihrem neuen Leben zurecht kommen, doch wenn sie aufeinander treffen, kommen die unverarbeiteten Energien wieder an die Oberfläche. Vermutlich werden beide richtig zornig, und es entsteht erneut Streit. Dann möchte man sich am liebsten nicht mehr sehen, da es ja doch nur Disharmonie gibt, wenn man zusammen kommt. Nicht selten haben diese beiden Menschen ihr Karma schon gut verarbeitet, doch die angestauten Emotionen sind noch nicht aufgelöst. Ab einer gewissen Stärke können solche Astralfelder einen Selbsterhaltungstrieb entwickeln und versuchen, die beiden Partner später immer wieder gegeneinander aufzustacheln. Dann ist die Liebe besonders gefragt, und Hilfe der geistigen Welt kann erbeten werden. Solche Felder lassen sich jedoch immer auflösen. Ohne besondere Zuwendung kann dies mitunter Jahre dauern, doch mit dem Wissen um diese Hintergründe kann hier sehr schnell liebevoll Abhilfe geschaffen werden.

Es gibt auf diesem Planeten zahlreiche alte Energiestrukturen, die, sobald sie nur einen noch so kleinen Zugang oder die geringste Schwäche im Menschen finden, diesen ihren Machenschaften unterzuordnen versuchen. Sie forcieren das Bedürfnis eines Partners, wieder einen Liebesbeweis zu erhalten, und geben ihm die widrigsten Vorgaben ein. Gedankenprogramme, die dieser Mensch ansonsten nie ausleben würde, dringen in ihn ein und versuchen, ihn zu manipulieren. Hier ist es wichtig, sich zu beobachten und auch zu erkennen, dass solche Gedanken und Emotionen in diesem Ausmaß nicht von einem selber stammen.

Mancher Geschäftsmann will seine Frau in der Rolle der perfekten Gastgeberin sehen, welche diese einnimmt, um es ihrem Mann recht zu machen. Überzieht sie jedoch öfter die Grenze in ihrem Inneren, indem sie gänzlich gegen ihre inneren Anweisungen handelt, wird dies irgendwann vielleicht in einer Krankheit enden, damit sie sich irgendwie diesen Zwängen entziehen kann. Eine Rolle zu spielen, geht immer nur eine Weile gut. Sie mag begonnen haben aus Zuwendung und Fürsorge, jedoch bei andauernden Widerständen aus dem eigenen Inneren muss Abhilfe geschaffen werden. Auch hier kann nur das Gespräch mit dem Partner und der offene Austausch dienlich sein. Dann kann man einen Kompromiss finden, der für beide Seiten in Ordnung geht.

Innerhalb von Beziehungen und Partnerschaften wird man immer wieder etwas tun, was einem nicht hundertprozentig entspricht oder was einem wenig Freude bereitet. Das gehört zu einer Beziehung, doch sollte es immer in einem Rahmen bleiben, in dem man sich nicht vollständig verleugnet oder die eigenen Bedürfnisse missachtet, denn dies geht nur eine kurze Weile gut, dann fordert der Körper oder die Seele den Ausgleich ein. Es werden Momente und Situationen im Leben eintreten, die eine Erkenntnis ermöglichen, damit man die Wahrheit wieder leben kann.

Können sich Partner aufeinander einstellen und den anderen respektieren, kann immer ein Kompromiss gefunden werden. Es erfordert Geben und Nehmen sowie viel Liebe und Bereitschaft, auch einmal auf etwas zu verzichten, damit sich eine gemeinsame Zufriedenheit entwickeln kann. Dann kann man vom Leben auf eine Art und Weise belohnt werden, die nicht vorauszusehen war.

Wichtig ist, offen miteinander umzugehen und Wünsche nicht als Forderungen, sondern als Bitte zu äußern. Wenn man liebevoll und in Freiheit eine Beziehung gestaltet, muss keiner der Beteiligten eine Rolle spielen, die er eigentlich nicht übernehmen möchte.

VI.
SEXUALITÄT

Wenn man sich fragt, was das Mysterium von Sexualität ist und sich auf die Suche nach Erkenntnis begibt, wird man bald feststellen, dass es eines der größten Geheimnisse des Lebens darstellt. Wir beginnen gerade, es im Ansatz zu verstehen.

Die Sexualkraft stellt eine der wichtigsten Energien im Leben des Menschen dar. Man kann sie auch als Ur-Lebenskraft bezeichnen, welche alles durchdringt und die gesamte materielle Schöpfung erfüllt. Das Wort *Sexualkraft* wird allgemein fast ausschließlich auf den Geschlechtsakt reduziert, doch ist sie mehr, viel mehr. Sexualität ist nur eine Ausdrucksform dieser Ur-Kraft. Diese bestimmt zwar die körperliche und emotionale Ebene, in den höheren Bereichen dagegen drückt sich die Lebenskraft nicht mehr als Sexualität aus. Sie nimmt höherschwingende Gestaltungsformen an und führt die Seelen ins Göttliche Licht zurück. Sie stellt, richtig verstanden, die Energie dar, welche es der gefallenen Schöpfung ermöglicht, wieder ganz zu werden und in die geistige Heimat zurückzukehren. Dieser Energiestrom wird die männliche und weibliche Polarität vereinen und mit der göttlichen Ur-Kraft verbinden.

Der Impuls zur körperlichen Vereinigung in der materiellen Welt ist ein von Gott eingepflanzter Instinkt, der über Hormone und chemische Prozesse, welche eng mit den Emotionalfeldern verbunden sind, im Körper gesteuert wird. Sobald eine Persönlichkeit inkarniert, hat sie sofort Kontakt zu diesen Feldern und wird von ihnen angetrieben.

In den zwischenmenschlichen Prozessen wird durch die Spannung der Geschlechter eine Energie freigesetzt, die sich im Orgasmus entladen und, falls es auch zu einer Verbindung der beiden Herzen kommt, die Beteiligten anheben kann. Der körperliche Orgasmus und die innere Erleuchtung scheinen wesensähnliche Zustände zu sein, wobei der Körper ohne das Erfülltsein von Liebe keine höheren Schwingungen ausstrahlen kann. Der Mensch erlebt in der körperlichen Sexualität, wenn sie mit Liebe erfüllt ist, für Bruchteile von Sekunden einen Hauch jenes Glückes, welches ihn in der geistigen Welt erwartet. Er erspürt im Glücksgefühl des Materie-Bewusstseins für einen Moment die Glückseligkeit der höheren Welten.

Die möglicherweise mit der Sexualität einhergehende Erhöhung von Energie kann allerdings auch ohne den Geschlechtsakt und ohne die zwischenmenschliche Anziehungskraft erfolgen. Je entwickelter eine Seele ist, umso weniger benötigt sie die Spannung und Erregung der materiellen sexuellen Energien, um sich der vollkommenen Liebe zu nähern. Die Materie als solche ist schwerfällig, weshalb die geistige Entfaltung des Menschen in der Vergangenheit wohl teilweise durch Kriege und Überlebensstrategien angeregt werden musste. Hätten die Menschen durch den Überlebenskampf nicht eine gewisse geistige Wachheit und Einsatzkraft entwickelt, wäre vielleicht die Ausbildung von Intelligenz und geistigem Streben nicht in der Form erfolgt, wie es notwendig war. Wird der Geist schläfrig, erschlafft der Mensch und verfällt. Wenn man dieses Prinzip auf Beziehungen und die Bewusstwerdung im Streben nach Gott anwendet, erkennt man die Notwendigkeit von Reibungen und Spannungen innerhalb von Beziehungen, bis ein Potenzial verwirklicht ist, welches aus sich heraus das Streben nach dem Göttlichen anregt. Dann wird sowohl die Reibung in Beziehungen als auch die körperliche Spannung nicht mehr benötigt, was allerdings einen sehr hohen geistigen Reifegrad erfordert und eine tiefe Verbindung zur geistigen Welt voraussetzt.

Sexualität ist aber ein Weg des Körpers, um sich dem Geist zu nähern.

Inkarnierte beispielsweise ein hohes Engelwesen mit Teilbereichen seines Selbst in einen Menschenkörper (dies kann nur mit Auszügen seines Wesens geschehen, da sonst die Körperhülle sofort verglühen müsste), würde ein solcher Körper nicht den Sexualakt benötigen, um diese Ur-Lebenskraft zum Fließen zu bringen und zu erhöhen. Vermutlich würde dieses Engelwesen in der Pubertät noch von den biologischen Aspekten seines Körpers zur Sexualität gedrängt werden, doch dürften sich diese Impulse im Laufe des Heranwachsens verlieren. Die männlichen und weiblichen Anteile wären vollständig vereint, und die innere Verbindung zur eigenen Geistseele und zu Gott wäre vollständig vorhanden. Die unteren Chakras wären harmonisch entfaltet, und eine „Vereinigung" von männlichen und weiblichen Aspekten im Sexualakt wäre für diesen Menschen nicht notwendig. Die Energie würde als geistige Essenz sofort in die Herzebene sowie in die höheren Chakras fließen. Die Lebenskraft würde, ohne sich als körperliche Sexualität auszudrücken, für diesen Menschen vollständig zur Verfügung stehen.

Man kann diesen Prozess bei einigen Menschen beobachten, bei Frauen und auch bei Männern, die durch ihre körperlichen Triebkräfte im Laufe ihres Lebens nicht mehr so stark zum Ausleben ihrer Sexualität gedrängt werden. Sie erfahren in ihrer Jugend die körperliche Vereinigung genau wie alle Menschen, doch sinkt mit der Zeit der Stellenwert der Sexualität in ihrem Leben. Ihnen sind menschliche Nähe, die Fähigkeit Zuhören zu können und angenommen zu werden sowie das Geben wichtiger als das körperliche Verlangen. Die körperlichen Bedürfnisse lassen nach, wenn sich das Bewusstsein verändert. Diese bereits erwachten Seelen genießen die körperliche Liebe in längeren Abständen, da ihre Körper durch den bestehenden inneren Fluss der Lebensenergie so gesättigt sind, dass diese den Geschlechtsakt nicht mehr unbedingt benötigen. Die Lebenskraft-Energie fließt ohne Blockade spiralförmig die Wirbelsäule nach oben und versorgt gleichzeitig alle Chakras mit der notwendigen Energie. Meist tritt dies in Partnerschaften auf, die eine innige Herzensnähe verspüren und in denen sich tiefes Vertrauen herangebildet hat. Diese Menschen reagieren kaum noch mittels Begierde auf körperliche Reize von außen, da sie innerlich zufrieden und ausgefüllt sind.

In sehr vielen Fällen wird Sexualität einfach nur benutzt, um eine innere Leere auszufüllen. Doch nach zahllosen „One-Night-Stands" wird immer mehr Menschen klar, dass ihnen dieser Weg keine wirkliche Erfüllung schenkt. Ein nur auf rein körperlicher Ebene vollzogener Geschlechtsverkehr, bei dem keine Herzensliebe freigesetzt wird, kann nicht die Erfüllung bringen, die sich einsame Menschen erhoffen.

Zahlreiche Menschen haben den Zugang zu ihrer inneren Kraft verloren und versuchen nunmehr, diesen Mangel durch Aktivitäten im Äußeren auszugleichen. Jede Gelegenheit wird genutzt, um das schwache Selbstvertrauen zu stärken, indem die Zuwendung zum anderen Geschlecht gesucht wird. Dazu dient dauerndes Flirten und der Versuch, bestimmte Menschen sexuell verführen zu können. Selbst wenn diese Männer oder Frauen in einer festen Beziehung leben, versuchen sie, etwa beim Besuch von Freunden, deren Partner oder Partnerin für sich zugänglich zu machen.

Daniela besuchte mit ihrem Freund einen langjährigen lieben Bekannten und dessen Frau. Es waren noch andere Gäste eingeladen, und sie freute sich auf den Abend. Doch bereits bei der Begrüßung stellte sie fest, dass die Frau ihres Bekannten ihren eigenen Freund besonders intensiv an sich drückte. Sie war irritiert, und es beschlich sie ein ungutes Gefühl. Diese Frau setzte sich sofort neben ihren Freund, und Daniela registrierte sehr genau, dass deren Aufmerksamkeit auf ihn gerichtet war. Plötzlich lag dann auch die Hand der Frau auf dem Oberschenkel ihres Freundes. Das Spiel ging weiter. Daniela spürte, wie langsam Wut in ihr aufstieg. Sie empfand das Verhalten der beiden als Respektlosigkeit, denn ihr Freund schien der Zuwendung nicht abgeneigt, was sie noch mehr irritierte. Daniela spürte, wie ihr das Flirten der beiden die Energie wegnahm. Zudem war sie wohl enttäuscht über ihren Freund, aber auch über die Frau ihres Bekannten. Sie fühlte sich in diesem Spiel gedemütigt und missachtet.

Einige Frauen versuchen, durch sexuelle Annäherung, ihr eigenes Energieniveau zu erhöhen. Dabei ist ihnen oft nicht bewusst, dass dies zu Lasten Dritter geht. Die emotionalen Schichten werden mit sexueller Energie geladen und geraten in Schwingung. Es erfolgt ein gegenseitiger Austausch dieser Energien, welcher sehr spannungsgeladen werden kann. Daher kommt die Formulierung: „Zwischen den beiden hat es geknistert."

Es kann sehr verletzend für einen Menschen sein, wenn er miterleben muss, wie sein Partner von einem anderen Menschen sexuell begehrt wird und zustimmend darauf reagiert. Im Extremfall geht es nicht nur um den Austausch mit der sexuellen Energie eines Partners, sondern auch um den „Macht-Kampf" mit der Zielsetzung: „Siehst du, ich kann ihn bekommen, wenn ich will!" Viele Menschen fühlen sich in so einem Fall „verletzt", besonders wenn sie ohnehin Probleme in ihrer Partnerschaft haben.

Es gibt Menschen, die den Fluss der Lebensenergie ohne den Geschlechtsakt anstreben, sich also dem Verzicht der Sexualität verschreiben. Sie wollen erreichen, dass diese Ur-Kraft nicht mehr für die körperliche Vereinigung eingesetzt wird, sondern sofort als geistige Kraft genutzt werden kann. Dann würde die Ur-Lebenskraft nicht vorrangig in die unteren Chakras strömen, sondern sofort die Wirbelsäule nach oben steigen. Allerdings hat dieses Vorgehen in der Vergangenheit, wenn es unter Zwang und aus falschen Motiven geschah, zu großen inneren Schäden geführt. Viele energetische Blockaden sind entstanden, da sich der innere Lebensstrom nicht zwingen lässt, sondern mit Bewusstsein und Entwicklung einhergehen muss.

Schon im alten Ägypten gab es bestimmte Gruppierungen, die sich intensiv um die Aktivierung der Lebenskraft durch Sexualität bemühten. Sie versuchten, sich durch die Aktivierung des kosmischen Energieflusses im Körper ein Tor in höhere Welten zu öffnen. Sie glaubten, durch diese Methode geistig wachsen zu können.

Die ursprüngliche Tantra-Lehre, welche mit den Entstellungen der heutigen Zeit wenig gemein hat, hatte sich ebenfalls diesem hohen Ziel verschrieben. Doch war den alten Meistern klar, dass das innere Bewusstsein und die persönliche Entwicklung des Menschen sich harmonisch vollziehen musste. Nur wenn der Mensch innere Herzensreinheit entfaltete, war er auch in der Lage, mittels Sexualität jene Energie freizusetzen, die ein Aufsteigen in höhere Welten ermöglichen konnte. Die körperliche Vereinigung erfolgte dann nicht nur auf der physischen Ebene, sondern bot gleichzeitig die Möglichkeit zur Verbindung mit der Herzensliebe auf der geistigen Ebene. Die Tantriker versuchten so, Spiritualität und Sexualität zu verbinden und die körperliche Ebene in letzter Konsequenz zu transformieren.

Die Erfahrung der Lebenskraft als frei fließender Energiestrom ist für den Menschen sehr wichtig. Der Stress der modernen Industriegesellschaft lässt bei vielen Menschen diesen Strom nicht mehr ungehindert fließen. Vor allem Frauen, die sich mehr auf der Gefühlsebene orientieren als Männer, sind davon besonders betroffen. Vielfach hatten sie unter großem Stress nicht mehr die Möglichkeit, Sexualität zu fühlen oder gar zu leben. In diesem Fall sind die unteren Chakras blockiert, und die Energie in der Aura fließt nur sehr beschwerlich. Diesem Prozess muss in solch einem Fall große Aufmerksamkeit gewidmet werden, um den Fluss der Energie aufrechtzuerhalten. So wie man sich innerhalb einer Beziehung immer wieder Zeit und Raum für Gemeinsamkeit und Nähe geben muss, ist es auch notwendig, auf die inneren körperlichen Prozesse Acht zu geben.

Allem, dem der Mensch seine Aufmerksamkeit widmet, führt er auch Energie zu. Es wird mit der Art von Schwingung getränkt, mit der man sich ihm zuwendet. Deshalb benötigt der Körper die Zuwendung der Liebe seines Bewohners, ohne die er geschwächt und anfällig für äußere Einflüsse wird. Der Mensch *ist* nicht der Körper, er *bewohnt* ihn. Es ist seine Aufgabe, gut auf ihn zu achten. Nutzt er ihn nur aus oder vergisst er, ihm auch die notwendige Entspannung zukommen zu lassen, kann dies schwerwiegende seelische und gesundheitliche Folgen nach sich ziehen. Viele Menschen glauben, sie müssten immer nur für andere da sein; doch ist wahres Geben immer auch mit Annehmen-Können verbunden. Wenn ein Mensch nicht nehmen kann, und sei es nur die Zuwendung für seinen eigenen Körper, kann er auch nicht wahrhaft aus seinem Inneren geben. Alles Handeln bleibt im Äußerlichen, und durch das „Sich-Aufopfern" kommt es meist nur zu einer Schädigung der Gesundheit. Nur ein harmonischer Ausgleich zwischen wahrem Geben und wahrem Nehmen dient der gesunden Entwicklung des Menschen.

Frauen, die gerade ein Kind zur Welt gebracht haben, sind in den meisten Fällen mit ihrem ganzen Wesen so sehr auf das Kind ausgerichtet, dass sie den Bedürfnissen ihres eigenen Körpers kaum noch Raum einräumen wollen oder können. Ihre ganze Aufmerksamkeit und somit alle Energie wird auf den kleinen Erdenbürger ausgerichtet, weshalb auch die Beziehung zum Partner sehr schnell in den Hintergrund rücken kann. Für den weiblichen Körper ist es kein Problem, eine Weile auf Sexualität zu verzichten, doch in vielen Partnerschaften hat der Mann Probleme mit diesem Entzug. Es entsteht dann leicht eine Form von Eifersucht, die es wieder abzubauen gilt. Im Gegenzug sollten sich wiederum Männer diesen Umstand bewusst machen und ihren Frauen, wenn sie sich ihnen körperlich noch nicht zuwenden können, mehr Zeit lassen und Raum gewähren. Je ungezwungener sich Frauen fühlen können, umso schneller wünschen sie von sich aus wieder Nähe. Stets sollte jedoch das Gespräch über die Gefühlslage auf beiden Seiten vorhanden sein. Der Partner kann nicht wissen, was gerade in einem vorgeht oder ob man einen schweren Tag hatte. Je offener eine Verbindung gelebt wird, umso schneller können Missverständnisse aus dem Weg geräumt werden.

Man kann mitunter bei Menschen, die bereits einen sehr hohen Grad an geistiger Verwirklichung erreicht haben, wahrnehmen, dass sie dennoch ein sehr großes Potenzial an sexueller Energie in sich tragen. Diese haben vor allem in der Jugend und als junge Erwachsene mit einem Übermaß an sexueller Energie zu arbeiten. Sie verfügen über ein großes Maß an Lebenskraft, welche auch intensiv in die unteren Chakras ausgestrahlt wird. Der Körper muss sich entsprechend verhalten und hat für eine Weile kaum eine andere Möglichkeit, um mit diesem großen Kraftpotenzial umzugehen, als es über die Sexualenergie auszuleben. Es fließt automatisch auch in die Bereiche emotionaler Bedürfnisse und setzt dort Sehnsüchte und Verlangen frei. Diesen körperlichen Triebkräften so ausgeliefert zu sein, kann für die betreffenden Menschen sehr problematisch sein. Sie sind jedoch in der Lage, im Laufe ihres geistigen Fortschrittes diese Energien besser zu kanalisieren.

Sexualität, mit Liebe und Achtung gelebt, kann sehr viel Energie freisetzen und die Partner schwingungsmäßig auf vielen Ebenen vereinen. Liebevolle, freie Sexualität, die von der Ebene des Herzens gespeist wird, gleicht im Ansatz einer geistigen Vereinigung. Über die Verbindung der Herzen wird ganz natürlich auch eine geistige Berührung ausgelöst. Andernfalls spielt sich Sexualität nur in der physischen Form ab, nicht jedoch auf der Ebene der Seele oder des Geistes. Die sexuellen Energien verstreuen sich dann wahllos in die Körperwelt, und nicht selten warten dunkle Energiewesen darauf und nähren sich daran. Menschen, die zu Perversionen neigen, sind umgeben von glibberigen Energiewaben, die begierig jene Energien aufsaugen und diese Menschen dann bedrängen, um die dunklen Züge ihres Charakters weiter auszuleben.

Häufig sind in der feinstofflichen Welt Wesen zu erkennen, die darauf ausgerichtet sind, die körperlichen Bedürfnisse so zu verändern, dass der Mensch plötzlich fremdartige Neigungen verspürt. Hier wäre es empfehlenswert, nicht einfach jedem sexuellen Impuls zu folgen, sondern sich zu fragen, ob dies mit der inneren Ethik wirklich vereinbar wäre. Liegen solche Formen von „Fremdannäherungen" vor, können diese zurückgewiesen werden, wenn man sie bewusst wahrnimmt. Bereits nach kurzer Zeit lässt sich dann erkennen, dass sie nicht wirklich etwas mit den eigenen Wünschen zu tun hatten.

Lieblose Sexualität kann Wesen anziehen, die besser in tieferen astralen Ebenen verbleiben sollten. Diese Geschöpfe können den Menschen energetisch dazu nötigen, Sexualität nur in triebhafter Weise auszuleben, ohne Herzensliebe, damit sie die so entstehende Energie absaugen und sich davon ernähren können.

Es ist daher hilfreich, sich bewusst zu machen, dass menschliche Sexualität noch sehr mit rein triebhaften und astralen Einflüssen behaftet ist. Werden die damit verknüpften Forderungen des Körpers allerdings verdrängt, kann großer Schaden entstehen, da Verdrängung niemals eine Verarbeitung ersetzen kann. Man kann durchaus eine mentale Unterdrückung der Körperbedürfnisse praktizieren, doch sind diese dann nicht verarbeitet, sondern nur in Bereiche verschoben, aus denen sie in einem späteren Leben mühsam wieder herausgeholt werden müssen.

Die Sexualität kann auf der menschlichen Ebene in drei Bereiche unterteilt werden:

1. Der Körper. Sexualität als körperlicher Ausdruck von Liebe und unbewusster Sehnsucht nach Gott. Dies ist in letzter Konsequenz ein innerer göttlicher Impuls, der die hormonellen und chemischen Prozesse im Körper einsetzt, damit die körperliche Liebe zu einem ersten Schritt der Verbindung mit den geistigen Ebenen wird. Durch die körperliche Vereinigung werden im Gegenüber die jeweiligen männlichen und weiblichen Teile berührt und mit ihrer komplementären Energie versorgt. So sucht der Mann eine weibliche, weiche Energie und die Frau männliche Stärke.

2. Das Herz. Der Mensch kann über die Ebene des Herzens Sexualität als einen Weg der Liebe wahrnehmen. Gelebt und gefühlt vom Körper, dabei getragen von der Liebe des Herzens, wird die dichte Materie unmerklich erhöht. Sie führt das Leben in höhere Bereiche des Herz-Chakras, ohne die Sexualität nur als körperlicher Trieb zum Ausdruck käme. In diesem Fall würden nur weltliche Energien ernährt, und eine Verbindung mit geistigen Ebenen könnte nicht erreicht werden.

3. Der Geist. Über die Verbindung von Herz und Körper formt sich der energetische Heimweg der gefallenen Schöpfung zurück in die geistigen Ebenen. Dies kann nur mittels der Verbindung und Erhöhung aller Bereiche im Herz-Chakra geschehen. Im Herz-Zentrum vollzieht sich eine energetische Verbindung, welche die Möglichkeit zur Erhöhung des ganzen Menschen bietet. Dies geschieht ganz natürlich, sobald wahre Herzensliebe vorhanden ist. Das Aufblühen von Liebe ist das Entscheidende. Über die intensive Entfaltung von Liebe im Herz-Chakra kann die Vereinigung mit dem Geistigen im weiteren Verlauf der Evolution auch ohne Sexualität erreicht werden.

Der Körper

Jedes inkarnierende Wesen trägt mehr oder weniger Anteile eines *Kelches träger Masse* mit sich. Das mag irritieren, da man sich wünscht, bereits mit vielen Teilen seines Wesens in der Liebe zu schwingen, doch es bedarf dieses Kelches, um die gesamte Schöpfung anzuheben. Aus diesem Grund sollte man den Kelch nicht an sich vorbeigehen lassen, sondern ihn liebevoll annehmen in dem Wissen, durch sein Leeren alles Leben anzuheben und zu durchlichten. Hierfür sind allerdings Disziplin und Standfestigkeit eine unerlässliche Voraussetzung.

Der Inkarnationsweg ist kein Erholungsurlaub. Das Ziel ewigen Glückes auf Erden ist eine Illusion. Ihr nachzujagen würde bedeuten, nicht demütig seine Lebensaufgabe wahrzunehmen, sondern sich nur um das eigene Wohl zu kümmern. Die Erde ist ein Arbeitsplanet. Sollte vielleicht in naher Zukunft eine höhere Schwingung eintreten, wird diese Arbeit in engerer Verbindung mit der geistigen Welt erfolgen, doch wird unser Planet noch immer ein Ort der Heimkehr-Bemühungen sein. Die karmischen Aufarbeitungen werden mit mehr Liebe wahrgenommen und in Zusammenarbeit mit lichtvollen Wesen geschehen, doch sie werden nicht verschwinden.

Die Sexualität als solche beginnt mit dem Einwirken der Hormone in der Pubertät. Vor allem das männliche Geschlecht wird sehr stark von diesen körperlichen Prozessen beeinflusst und ist dadurch sehr empfänglich für Manipulationen von außen. Dies führt dazu, dass auch erwachsene Männer glauben, sie könnten ihr Glück nur im Ausleben dieser Impulse finden. Geblendet von starken körperlichen Gefühlen, lässt sich der Mann nicht selten für lange Zeit in dieser Illusion gefangen halten.

Männer, die über Jahrtausende vom Fortpflanzungsimpuls geprägt wurden, sind oft nur dann glücklich, wenn sie auch ein erfülltes Sexualleben haben. Frauen hingegen können die Sexualität meist nur dann wirklich ausleben und genießen, wenn sie das Leben in seiner Gesamtheit als einigermaßen harmonisch empfinden.

So kann sich der Mann meist erst dann einer Partnerin innerlich öffnen, wenn seine körperlichen Bedürfnisse erfüllt sind, die Frau hingegen erst dann der Sexualität hingeben, wenn zuvor eine innere Bindung entstanden ist. Dies führt nicht selten zu großen Missverständnissen, da sich die Frau zu wenig beachtet und nicht genug umworben fühlt. Der Mann hingegen benötigt eine erfüllte Sexualität, damit er sich den gefühlsmäßigen Verbindungen zu seiner Partnerin hingeben kann.

Die sexuellen Bedürfnisse haben seit jeher eine wichtige Rolle im Leben der Menschen gespielt. Wären nicht schon immer Frauen bereit gewesen, sich den Männern als Prostituierte hinzugeben, hätten die Aggressionen auf dem Planeten Erde wohl unglaubliche Ausmaße angenommen. So konnten beispielsweise auch Mönche ihr Leben so leben, wie sie es sich für ihren geistigen Fortschritt vorstellten, aber gleichzeitig die nicht abzustellenden Bedürfnisse ihres Körpers dadurch befriedigen, dass sie ein Bordell aufsuchten. Es geht nicht um moralische Verurteilungen, sondern um die Beschreibung von Sachverhalten, die mit den körperlichen Triebkräften im Zusammenhang stehen. Es ist bekannt, dass in vielen Ehen des Mittelalters Männer, aber auch Frauen einen anderen Sexualpartner hatten und dennoch mit ihrem Ehepartner ein sehr harmonisches Leben führten. Der Alltag, die Kinder und das soziale Leben wurden mit dem Ehepartner gepflegt, das Sexualleben mit einem anderen geteilt. In manchen Kulturen war es üblich, dass die Männer, während die Frauen schwanger waren, sich körperlich mit einer anderen Frau auslebten. Hier mag sich die Frage stellen, ob das Thema Treue früher eine andere

Bedeutung besaß, als es für den heutigen Menschen der Fall ist. Die Antwort auf diese Frage liegt im Bewusstsein jedes Einzelnen. Jeder Mann und jede Frau sollte hier nach eigenen Erkenntnissen und Wertvorstellungen frei entscheiden können.

Die Anziehungskraft der Geschlechter spielt bei der Erlösung der *trägen Masse des Kelches* eine entscheidende Rolle. Verliert ein Mensch sich energetisch zu sehr in den Wirren der Welt, kann ihn die sexuelle Anziehungskraft eines anderen plötzlich wieder in einen Zustand versetzen, in dem er neue Energie und Lebensfreude verspürt. Er bekommt wieder das Gefühl, wirklich zu leben und von der Verhaftung in der Materie frei zu werden. Wird ein Mensch von der Schwere der Welt herabgezogen, vermag ihn ein Flirt, die Energie von Attraktivität und körperlicher Anziehung, wieder für Inspiration und den inneren Fluss der Lebensenergie zu öffnen.

Es geschieht leider nicht selten, dass der Mensch Sexualität als Ausgleich für fehlende innere Zuwendung und Liebe lebt. Dann wird die Suche nach verschiedenen Geschlechtspartnern ein Weg in die Illusion der Körperwelt, geprägt von dem Gefühl: „Schau, wie viele Partner ich für mich erobern kann." Diese Einstellung verliert immer mehr den wahren Hintergrund von Sexualität aus den Augen. Sie verkommt zu einer Anreihung von Eroberungen und kurzzeitigen Befriedigungen, und ihre innere Energie wird verschwendet. Meist haben solche Menschen in früheren Leben sehr lieblose Erfahrungen gesammelt oder sind von ihren Eltern nie wirklich angenommen und geliebt worden. Sie suchen Erfüllung in unbeständigen sexuellen Abenteuern und erkennen nicht, dass sie einer Illusion nachjagen. Erst mit der Zeit bemerken sie, dass diese Einstellung ihnen keine wahrhafte Erfüllung bringt, da eine derartige Sexualität nichts mit wahrer Liebe, sondern ausschließlich mit Triebhaftigkeit zu tun hat. Auf einem solchen Weg bleibt immer eine Leere zurück, die als besonders schmerzhaft empfunden wird.

Sexualität gehört auf natürliche Weise zum Leben eines Menschen, da er in einem Körper lebt und dieser von den Bedürfnissen seiner Daseinssphäre geprägt ist. Sie ist ein göttlicher Impuls im Körper, der versucht, sich zu erfüllen. Wird die Sexualität auf eine höhere Ebene erhoben, kann sie immer noch einen Ausdruck finden, doch sie wird einen anderen Bestandteil des menschlichen Daseins darstellen. Sie bleibt ein Teil des von Gott gewollten Lebensplanes, der auch als solcher gelebt werden möchte.

Es drängt sich die Frage auf, weshalb auf diesem Planeten so viel Leid aufgrund pervertierter Sexualität entstanden ist? Die Frage ist berechtigt, doch muss man sich bewusst machen, dass alle Vorgänge auf diesem Planeten energetischer Natur sind und der Mensch am Anfang seiner Entwicklung seine vermeintlichen Bedürfnisse mit roher Gewalt, mit Unterdrückung und mit dem Einsatz von Macht erfüllt hat.

Frauen wurden vergewaltigt, da der Mann seiner inneren Gewalttätigkeit nachgegeben hat und die Macht über Frauen ausleben wollte. Je brutaler der Mann war, desto mehr versuchte er, sich einen weiblichen, weichen Anteil zuzuführen. Mit roher Kraft saugten Männer über Vergewaltigung, Demütigung und Erniedrigung die Energien der Frauen auf und deckten ihren eigenen Energiebedarf damit. Wird eine Frau erniedrigt, verringern sich ihre weiblichen Energien, und der Mann nimmt sie in diesem Moment auf. Er ernährt sich sozusagen von den Energien der Frau, die er unbewusst als Mangel empfindet. Der Mensch muss zukünftig seine Vollkommenheit wieder in seiner Göttlichen Seele, in sich selbst, finden. Nur dann findet er wahre Freiheit im Austausch zwischen Mann und Frau und in der Hinwendung an die göttliche Wirklichkeit.

Werden Menschenkörper von der Energie der Arterhaltung übermannt, verlassen sie automatisch jenen Bereich, der sie eng mit den göttlichen Kräften verbindet. Sie vermischen sich mit den Erdkräften und verlassen teilweise energetisch die höheren Sphären. Die innere Ausrichtung und die gesamte Aufmerksamkeit ist auf den Erdenplan und mögliche Geschlechtspartner gerichtet. Die Innenwelten rücken in den Hintergrund. Man weiß durch Untersuchungen von Jugendlichen, dass diese so stark von Hormonschüben erschüttert werden, die sie nach Außen ziehen, dass sie in geringerem Maße die Gefühlslage eines Gegenübers wahrnehmen können als etwa ein Zehnjähriger. Sie sind nahezu ausschließlich mit den körperlichen Energieströmen beschäftigt, die ihre Aufmerksamkeit auf die Außenwelt richten.

Man nimmt im Westen an, nur der Osten habe sich um den sogenannten *tantrischen Weg* bemüht, auf dem die Menschen Sexualität und Spiritualität zu verbinden suchten. Doch wurden in den westlichen Kulturen die gleichen Bestrebungen unternommen, nur im Verborgenen. Die Kirche hat viele solcher Gemeinschaften zerschlagen, und es war den geistig so ausgerichteten Menschen nur möglich, sich im Geheimen zu treffen, um einen derartigen Weg zu beschreiten.

Es gab auch im Westen Eingeweihte, denen bewusst war, dass man sich über die Sexualität tiefer für die Göttlichen Kräfte öffnen konnte. Sie versuchten, sich dieser Kraft in kleinen Gemeinschaften zu nähern und glaubten, einen Weg zu den höheren Ebenen gefunden zu haben. Jedoch konnte dies natürlich auch hier nur im Einklang mit wahrhafter Liebe geschehen.

Manche Teilnehmer sogenannter „Tantra-Workshops“ oder „Tantra-Schulen“ der heutigen Zeit haben nur ein Ziel – ihren sexuellen Gelüsten nachzugehen und dafür möglichst viele Menschen zu gewinnen. Menschen, die eine Möglichkeit suchen, endlich auch einmal ihre manchmal äußerst verwirrten sexuellen Neigungen auszuleben und daher eine tantrische Gruppe nach der anderen aufsuchen. Dies ermöglicht es ihnen, schnell und unkompliziert an Geschlechtspartner heranzukommen, die sie ansonsten nicht so leicht finden würden. Es sollte an dieser Stelle vielleicht darauf hingewiesen werden, dass wahllose sexuelle Beziehungen in solchen pseudo-tantrischen Workshops mit Vorliebe von den entartetsten feinstofflichen Elementalen benutzt werden. Diese manipulieren die geist-lose Sexualkraft in ihrem Sinne und stacheln die einzelnen Teilnehmer zu immer unkontrollierteren Handlungsweisen an. Manche Menschen lassen sich für einige Zeit von diesen vergänglichen sexuellen „Erfüllungen" abspeisen und entdecken erst nach Jahren, dass sie auf diesem Weg nicht weiterkommen. Sie verhüllen ihre egoistischen Begierden mit dem Deckmäntelchen, spirituelles Wachstum zu suchen. Sie vergessen dabei jedoch vollständig, dass es dazu nicht nur des körperlichen Einsatzes bedarf, sondern auch die Ebene des Herzens und des Geistes mit einbezogen werden muss.

Natürlich gibt es auch heute noch Lehrer, die den echten tantrischen Weg lehren. Sie sind Wahrheitssucher, die sich mit reinem Herzen um die Erforschung dieser Energien bemühen. Sie verfolgen ihre lauteren Ziele und haben auch das Recht, diesen Weg zu wählen, doch werden diese nicht eine laute Öffentlichkeit suchen. Jeder geistig Suchende muss hier für sich selbst seine Entscheidungen treffen.

Menschen, die sich mit verschiedenen Sexualpartnern einlassen, um ihr Glück zu finden oder die Befriedigung ihrer Neigungen zu erreichen, sollten sich allerdings bewusst machen, dass man sich energetisch mit jedem Menschen verbindet, mit dem man eine intime sexuelle Beziehung eingeht. Spermien und die Sekrete der Vaginalflora der Frau sind mit starken energetischen Essenzen angereichert. Gehen zwei Menschen eine körperliche Beziehung ein, wird automatisch eine energetische und emotionale Bindung geschaffen, die mitunter sehr lange andauern kann und sich erst mit den Jahren verliert. Über diese energetische Verbindung ist man sehr beeinflussbar von der jeweiligen Person und kann mitunter manipuliert und fremdgesteuert werden. Nicht selten gehen emotionale Lasten auf einen Partner über, wenn beide nicht in aufrichtiger Liebe miteinander verbunden sind.

Ein gelegentlich anzutreffendes Phänomen sind die sogenannten „Sexualvampire". Sie saugen über den Geschlechtsakt ein großes Maß an Lebenskraft aus dem Gegenüber und können dieses unglaublich schwächen. Sie verbreiten beim Zusammentreffen eine unwiderstehliche Aura von erotischen Energien, welchen viele Menschen nicht widerstehen können. Sie erzeugen durch ihr Energiefeld eine Ausschüttung von Hormonen im Gegenüber, und die chemischen Prozesse auf der Körperebene tragen ein Übriges dazu bei, damit der angestrebte Mensch seine Klarheit verliert und sich nur noch auf diesen sexuellen Impuls konzentrieren kann. Auf der emotionalen Ebene gaukeln sie ihm vor, die Erfüllung all seiner Wünsche zu verkörpern. Nach dem Geschlechtsakt hat die betroffene Person dann ein großes Maß an Energie verloren und fühlt sich nicht selten restlos ausgelaugt. Sie sind als „Lieferant von Lebenskraft" missbraucht worden.

Bestimmten schwarz-magischen Schulen war dies stets bewusst, und sie versuchten, um einen Menschen wirksam beeinflussen zu können, Spermien oder Menstruationsblut zu erhalten. Diese körperlichen Sekrete enthalten konzentrierte Mengen an emotionaler und geistiger Essenz des Betreffenden. Es kann viel Macht auf einen übel ausgerichteten Menschen übergehen, wenn er Zugang zu diesen Energieströmen erhält. Nicht selten wurden solche Energieverbindungen in alten Zeiten genutzt, um einen sogenannten „Liebeszauber" durchzuführen. Auf geistiger Ebene werden alle Bedürfnisse und Sehnsüchte, die dieser Mensch in sich trägt, auf einen anderen übertragen, um jenem vorzugaukeln, dass nur dieser eine die Erfüllung aller seiner Wünsche darstellt. Dann wird die Verbindung mit diesem Menschen zum eigenen Verlangen, und das Ziel des Liebeszaubers ist erreicht. Das Bild der scheinbar freiwillig begehrten Person rückt immer mehr in den Vordergrund und beherrscht die eigenen Gedanken und Emotionen, die in Wahrheit gar nicht mehr die eigenen sind. Oft glauben die magisch manipulierten Menschen längere Zeit, dass sie nach ihrem eigenen Willen sich mit dieser Person eingelassen haben. Das stellt die größte Hinterlist dieser magischen Machenschaften dar.

Auch wenn es ernüchternd klingen mag, kann man den Zustand des Verliebt-Seins weitgehend zwischen einer Art körperlicher Verwirrung und hormonellen und chemischen Reaktionen aufteilen, wenn man die karmischen Konstellationen einmal unberücksichtigt lässt. Die Energiefelder, vor allem im Kopfbereich, sind in Unordnung geraten – man hat ihm/ihr den Kopf verdreht. In den Phasen des Verliebt-Seins werden im Körper gewaltige Mengen an körperlichen Botenstoffen freigesetzt, die den Liebenden das Gefühl vermitteln, sie schwebten auf Wolken und würden von Glücksgefühlen überschwemmt. Der Mensch wird aus seinem Schwingungsfeld herausgehoben und befindet sich manchmal mit dem Brennpunkt seiner Energien sogar etwas außerhalb von sich. Eine große Energiemenge wird freigesetzt, die den Menschen scheinbar beflügelt. Sein astraler Körper wird ein wenig aus dem grobstofflichen befreit, was ihn die Erdenschwere nicht mehr so stark fühlen lässt. Diese astrale Lockerung ist auch der Grund, warum beispielsweise viele junge Mädchen in den Konzerten ihrer Rock-Idole in Ohnmacht fallen. Der Körper verliert das Bewusstsein aufgrund der körperlichen Reaktionen, welche die astrale Loslösung mit sich bringt. Doch hat dies nichts mit Liebe oder wahrem Glück zu tun. Viele Menschen verlieben sich in ein Gegenüber, da es scheinbar genau die Vorzüge aufweist, mit denen man sich wohl fühlt oder die man selbst haben möchte.

Was geschieht wirklich, wenn sich zwei Menschen verlieben? Häufig fragen sich die Menschen nach einer gewissen Zeit emotionaler Erhebung: „Wie konnte ich mich diesem Menschen nur so hingeben? Das ist doch gar nicht mein Typ."

Marianne erzählte, dass sie einen Mann kennen gelernt hatte, der das gleiche schelmenhafte Lächeln besaß wie eine Jugendliebe von ihr. Sie hatte ihn als überaus männlich empfunden, und wenn er sie angeschaut hatte, glaubte sie zu zerschmelzen. Sie war so geblendet, dass sie auch die Warnungen einer Freundin in den Wind schlug, die ihr ein genaueres Hinsehen empfahl. Erst nach einiger Zeit registrierte sie, dass dieser Mann ganz anderen Interessen nachging als sie selbst, dass sie sein Rauchen nicht annehmen konnte und er sehr hart und rau war.

An diesem Beispiel wird deutlich, dass es gar nicht der Mann selbst war, der ihr Herz berührte, sondern dass sie einer alten Erinnerung und einem alten Gefühl folgte, welches sie in dem Mann zu finden glaubte. Sie war einer Projektion eigener Bedürfnisse erlegen, welche in Wirklichkeit nicht erfüllt werden konnten. Man muss innere Zufriedenheit und Verwirklichung erst einmal selber leisten, bevor man wahrhaft eine Beziehung eingehen kann, die wirklich eine Partnerschaft ist und nicht mit der Vergangenheit oder ungelebten Bedürfnissen verknüpft ist.

Auch Gisela war so unwiderstehlich verliebt, dass nichts anderes mehr in ihrem Kopf Platz hatte und sie nur noch ein Gesprächsthema kannte. Im Tanzkurs hatte sie endlich den „Traummann" kennen gelernt, der sich auch für das Tanzen interessierte und somit ihre Leidenschaft teilte.

Aus energetischer Sicht können in diesen Momenten verschiedene Ursachen wahrgenommen werden. Zum einen ermittelt die persönliche Wahrnehmung im anderen in diesem Moment genau *das* Gegenüber, welches benötigt wird, um die angestauten Bedürfnisse zu befriedigen. Es kann sich dabei um äußeres Ansehen, um weltliche Bedürfnisse oder auch um innere Ziele handeln, es geht um die Identifikation mit bestimmten Vorstellungsbildern oder um das Gefühl, das jeweils männliche oder weibliche Pendant gefunden zu haben, welches einen angestrebten Charakterzug in sich vereint, der gerade benötigt oder als inneres Ziel wahrgenommen wird. Der ausgewählte Mensch weist genau die Energiekonzentration auf, die von den inneren Teilbereichen des Auswählenden gesucht wird. Die übrigen Bereiche dieses Menschen werden völlig außer Acht gelassen; meistens jene Züge und Wesensmerkmale, von denen man später nicht mehr verstehen kann, wieso man sie übersehen konnte. Doch die Sehnsucht nach der Erfüllung von inneren Bedürfnissen lässt den Menschen in diesem Moment nicht mehr klar sehen. Er stürzt sich in seinem Bedürfnis auf den anderen und erkennt nicht die Gesamtheit der Situation.

Ein anderer wichtiger Faktor ist die Tatsache, dass die geistige Führung den Menschen manchmal absichtlich nicht klar erkennen lässt, wie sich die Gesamtsituation darstellt. Dies geschieht vor allem dann, wenn ein Mensch in seiner persönlichen Wahrnehmung einen anderen eigentlich nicht als Partner akzeptieren würde, die Verbindung jedoch für eine karmische Verarbeitung und energetische Auflösung unbedingt erforderlich ist. Dann werden die Wahrnehmungen des Menschen eingeschränkt, damit das geistige Ziel in der Form eines gemeinsamen Prozesses verwirklicht werden kann. Nicht selten ergibt sich aber selbst aus solchen Konstellationen eine bereichernde Beziehung und wahrhafte Liebe, wenn beide Seiten die gemeinsame Aufgabe annehmen können.

Wenn sich ein Mensch im Zustand der Verliebtheit befindet, wird er von so vielen körperlichen Prozessen überflutet, dass sein geistiges Wesen im ersten Moment die Situation nicht überblicken kann. Im Grunde ist dieser Zustand kein erstrebenswertes Ziel, obwohl die meisten Menschen es überaus schön finden, verliebt zu sein. Doch ähnelt diese Phase eher einem Drogenzustand, der den Menschen von den tieferen, göttlichen Wahrnehmungen trennt, da er sein Bewusstsein ausschließlich auf der weltlichen Ebene verankert. Verliebtheit wird nicht selten mit Besitzanspruch verwechselt! Es geht darum, die eigenen Bedürfnisse befriedigt zu sehen und einem weltlichen Status Genüge zu leisten. Manche junge Menschen können sich geradezu willentlich in einen Zustand von Verliebtheit hineinversetzen. Erkennen sie dann, dass der angestrebte Partner doch nicht den Vorstellungen entspricht, wechselt dieses Gefühl nicht selten in kurzer Zeit zu einem anderen Menschen. Daran wird deutlich, in welchem Ausmaß dieses Gefühl ein von Menschen projiziertes, und nicht ein von der geistigen Welt gesandtes ist.

Die Identifikation mit Vorbildern stellt ebenfalls eine zu beachtende Ursache für die Emotionen des Verliebtseins dar. Man wünscht sich, so zu sein wie der verehrte Held oder die Heldin, die Sängerin oder der Sänger, dass man sich selbst völlig aufgibt und in den Energieströmen des Idols verliert. Im alltäglichen Leben bedeutet dies, im anderen die Charakterzüge und innere Stärke zu entdecken, die man gerne für sich selber hätte. Um diese nun zu erlangen oder mit ihnen in Kontakt zu treten, setzt auf der emotionalen Ebene eine intensive Aktivität ein, um diese Sehnsucht zu erfüllen. Dies kann den Menschen mitunter weit von seinem eigentlichen Weg entfernen, bis er endlich die Illusion durchschaut, der er nachjagt.

Sexualität sollte in ihrer Art als ein Geschenk Gottes für die Körperwelt angesehen werden. Mit Liebe erfüllt, kann sie zum Werkzeug geistigen Fortschritts und zum Mittel innerer Transformation werden. Sie sollte nicht, wie es die Kirchen lange verbreiteten, als niedrig und schmutzig betrachtet werden, sondern als Geschenk der Liebe auf der körperlichen Ebene, die über das Herz-Chakra einen Schlüssel zum Tor in die geistige Welt zur Verfügung stellt.

Das Herz

Die Christus-Energie wird über die Ebene des Herz-Chakras vermittelt und ist eine außerordentliche Kraft, die wirklich das Energiepotenzial erhöhen und transformieren kann. Wird die Sexualität mit der Herzensliebe erfüllt, kann man die Körperebene mit den höheren Ebenen verbinden. Dies geschieht nicht über den Willen, sondern aus einer innigen Hingabe an die höhere Liebe. Sexualität ohne diese tiefere Qualität wird nur von den biologischen Triebkräften bestimmt und kann die Körperebene nicht überschreiten. Kaum ein Mensch wird im Alltag ausschließlich aus der höheren Liebe heraus leben, da die emotionalen Bedürfnisse sowie die weltlichen Belange noch zu stark ausgeprägt sind. Es sollte jedoch das Ziel der geistigen Entwicklung sein, die Liebe immer mehr von Forderungen und illusionären Vorstellungen zu befreien. Nur wenn die Liebenden diese innere Reife entfaltet haben, können sie auch Sexualität frei empfangen und geben.

Das Geistige

Die geistige Energie ist nicht unmittelbar wahrnehmbar, doch zweifelsfrei vermag die menschliche Liebe in Verbindung mit dem Herzen eine Annäherung an die Geistige Welt bewirken. Die Geistige Welt ist stets bemüht, diese Verbindung im Menschen aufzubauen und zu erhalten. Sie lässt sich durchaus auch ohne Sexualität verwirklichen, doch kann sie dem Menschen auf seinem Weg in lichtere Sphären eine Hilfestellung sein.

Es gibt Planeten, auf denen die Menschen ihre körperliche Sexualität bereits weitgehend transformiert haben. Ihre Körper haben den Drang des Fortpflanzungsimpulses abgelegt. Sie üben körperliche Sexualität nur noch aus, um Nachwuchs zu zeugen. Ihre Liebe können sie mit einer Berührung so intensiv ausdrücken, dass sie alle Ebenen durchdringt und Körper, Herz und Geist vereinigt. Ihre Seelen sind füreinander so weit geöffnet, dass bereits das Zusammentreffen eine große Glückseligkeit in ihnen hervorruft. Die Ur-Lebenskraft fließt harmonisch die Wirbelsäule empor und eröffnet allem Leben den Weg in die höheren Sphären.

Sie setzen über die körperliche Vereinigung jene Energie frei, die sie benötigen, um sich zu reproduzieren. Sie benötigen den Körper nicht mehr, um sich dem Göttlichen zu nähern. Sie erleben Sexualität als eine Art der körperlichen Liebe, die vorrangig ihrem Fortbestand dient. Die geistige Erhöhung der Lebenskraft vermögen sie auf anderen Bahnen zu verwirklichen.

Die Erdenmenschheit wird sich allmählich ebenfalls in eine Richtung bewegen, in der sie sich weiter von den genetischen Prägungen zu lösen vermag und sich nicht mehr von den körperlichen Bedürfnissen bestimmten lässt. Im derzeitigen Entwicklungsprozess haben fast alle Menschen mit diesen Gegebenheiten zu tun und sind mehr oder weniger abhängig von ihren körperlichen Prozessen.

Geht man mit Wachheit an die Aufgabenstellung der Sexualität heran und macht sich die Hintergründe bewusst, kann sich auf diesem Feld eine große innere Befreiung vollziehen. Über das Körperbewusstsein wird mit der Zeit die Aufmerksamkeit auf höhere Energien gelenkt. Sexualität wird dadurch eine neue, tiefere, spirituellere Qualität erhalten.

VII. ELTERNSCHAFT

Kinder können besonders schöne Elemente des Lebens sein, stellen aber gleichzeitig eine der größten Herausforderungen für die Eltern dar. Sie möchten behütet, versorgt und geliebt werden, was mit viel Einsatz und Selbstlosigkeit verbunden ist.

Kinder zu bekommen und sie in einem liebevollen Rahmen aufwachsen zu lassen, erfordert großen Einsatz. Leider wird in der Vorbereitung junger Menschen auf das Leben viel zu wenig auf dieses Thema eingegangen. Kinder sollten nur nicht aufgrund des Fortpflanzungsinstinktes oder wegen der Vorgaben der Gesellschaft in die Welt gesetzt werden. Jeder Mensch sollte für sich prüfen, ob er Kinder haben möchte oder nicht und sich gleichzeitig bewusst machen, dass sie sehr viel Aufmerksamkeit, Arbeit und auch persönliche Opfer fordern. Gleichzeitig kann die Liebe der Kinder auch sehr erfüllend sein. Sie lieben bedingungslos, und es ist eine Freude, wenn man junge Menschen in Liebe aufwachsen sehen kann. Ein Gefühl von Gemeinsamkeit bildet sich aus, und die Familienbande vereinen die Menschen energetisch. Der Einzelne fühlt sich nicht mehr so alleine und kann von der Gemeinschaft getragen werden. Doch sind mit dem Familienleben auch viele Pflichten und Forderungen verbunden, die man sich klar bewusst machen sollte.

Im Tierreich ist der Instinkt zur Fortpflanzung ein unumstößliches Gesetz. Es treibt das Tier unweigerlich an, und so werden eine bestimmte Anzahl Jungtiere ausgetragen, damit immer genügend überleben können. Der Mensch wurde in seiner frühen Entwicklungsphase von ähnlichen inneren Impulsen bestimmt. In früheren Zeiten waren Familien mit zahlreichen Kindern die Regel. Es starben viele Kinder früh, und die Anzahl der Familienmitglieder reduzierte sich somit. Mit der fortschreitenden Ausbreitung der Menschen über den Globus hat es der Planet heute an manchen Stellen sogar schwer zu atmen.

In der heutigen Zeit wird die Frage, ob man Kinder bekommen sollte oder nicht, bereits viel bewusster diskutiert. Zwar versuchen noch immer Oma und Opa, Mutter oder Vater die jungen Menschen in Richtung Familienzuwachs zu drängen, doch inzwischen lassen sich diese nicht mehr so stark von den alten Traditionen und gesellschaftlichen Vorgaben bestimmen.

In der Regel wurden Kinder in früheren Zeiten als Altersversorgung betrachtet. Sie sollten den älteren Menschen betreuen und dienten somit einer gesellschaftlichen Verpflichtung. Das ist an sich nichts Schlechtes, jedoch wurden die jungen Menschen auch im Gedanken- und Gefühlsgut der Eltern nur als „Altersversorgung" angesehen. Sie hatten zu tun, was die Eltern sagten, und man erlaubte keinen Widerspruch. Diese verhielten sich im Sinne der gesellschaftlichen Vorgaben und glaubten sich durchaus im Recht. Doch dies entspricht nicht mehr dem Wachstumsprozess der heutigen Zeit. Die Menschen sollen sich frei entfalten und nicht aus dem Eigenwillen handeln oder unter dem energetischen Druck der Alten. Sie sollten in Harmonie mit den höheren Kräften der Seelen leben, die sie in ihrem Inneren wahrnehmen.

Dies bedeutet in den meisten Fällen nicht die Übernahme unaufgelöster Energieblockaden und Vorstellungen der Eltern, die diese nicht ausleben konnten, sondern es bedeutet die eigene freie Entfaltung der Nachkommen gemäß ihrer inneren Anlagen.

Man fragt sich in der heutigen Zeit oft, wie die Kinder mit den vielen Trennungen zurecht kommen, doch darf man sicher sein, dass den Seelen vor der Inkarnation dieser Umstand bekannt war. Sie wählten freiwillig diesen Weg, und es war ihnen klar, dass sie vielleicht nur mit einem Elternteil aufwachsen würden.

Wichtig bei einer Trennung der Eltern ist es, die Kinder aus den Konflikten möglichst herauszuhalten. Sie sollten nicht als Opfer missbraucht werden, die den Groll aufnehmen müssen, den der eine auf den anderen verspürt. Auch sollte aus Motiven wie Eifersucht und Misstrauen der Partner in Gegenwart der Kinder nicht schlecht gemacht oder übel über ihn gesprochen werden. Ein solches Verhalten erweist sich für die Kinder als sehr schwierig, da sie beide Elternteile immer in einem besonderen Licht sehen möchten. Die Eltern sollen gut sein und einander nicht mit Schmutz bewerfen. Andernfalls kann es geschehen, dass sich die Kinder auf die angefeindete Seite stellen, da sie instinktiv spüren, dass hier negative Energie abgeladen werden soll und sie den Teil, der angefeindet wird, in seiner Abwesenheit schützen möchten.

Kinder geraten innerlich in große Konflikte, wenn sie Stellung beziehen sollen. Das ist für sie fast unmöglich, da sie dabei einen der Elternteile aus ihrer inneren Liebe entlassen müssten. Es können auf energetischer Ebene in der Aura des Kindes Risse entstehen, die eine Krankheit oder eine schmerzhafte psychische Belastung auslösen können.

Eine Trennung geht in den meisten Fällen mit negativen Emotionen einher. Auch wenn sie aus geistiger Sicht richtig ist, entwickelt sich in den meisten Fällen für kurze Zeit Streit und Missgunst durch die Trennung der materiellen Güter und der weltlichen Strukturen, die man zusammen aufgebaut hat. Dennoch sollten diese energetischen Auseinandersetzungen nicht vor den Kindern ausgetragen werden. Es zeigt nur die große Schwäche eines Partners an, wenn er sein Kind dazu missbraucht, um beim anderen bestimmte Verhaltensweisen auszulösen, ganz abgesehen von den karmischen Konsequenzen.

Manchmal ist es für die Kinder sogar eine große Befreiung, wenn die Spannung zwischen den Eltern endlich aufhört und diese sich trennen. Sie vermissen dann zwar vielleicht den Vater, der ausgezogen ist, doch ist ihnen eine Mutter, die sich nicht immer in aggressiver emotionaler Spannung befindet, lieber als eine stets mürrische Mutter, die kaum mehr weiß, wie sie mit ihren Enttäuschungen umgehen soll. Kinder verfügen über ein sehr feines Gespür für die Vorgänge in der Familie und sind meist sehr dankbar für ein offenes Gespräch.

Das Gespräch sollte dann allerdings nicht zum Schaden des Elternteils gereichen, sondern einfach die Situation klarstellen. Kinder hätten es am liebsten, wenn ihre Eltern zusammen bleiben, doch spüren sie auch sehr deutlich, wenn deren gemeinsame Zeit abgelaufen ist.

Am Beispiel von Dieter konnte man gut erkennen, wie sich eine eingefahrene Situation sogar zum Besseren wandelte, nachdem er ausgezogen war.

Dieter liebte seine Kinder sehr, war jedoch in seinen Beruf so eingespannt, dass er sich eigentlich nie wirklich Zeit für die Kinder nahm. Immer waren geschäftliche Verpflichtungen wichtiger. Die Kinder lebten zwar mit ihm im gleichen Haus, hatten aber auch nach seinem Feierabend nichts von ihm, da er dann in seinem Zimmer weiterarbeitete. Für ihn war die Erziehungswelt der Kinder in Ordnung. Er brachte monatlich das Geld nach Hause, kam jeden Abend heim und schenkte ihnen etwas zum Geburtstag und zu Weihnachten. Wenn sie abends mit ihm spielen wollten, war er dazu viel zu müde und wollte sich nicht die Zeit für sie nehmen. Er war nie mit seinem ganzen Wesen für sie da. Erst als er nur noch jedes zweite Wochenende mit seinen Kindern verbringen konnte, setzte ein Erkennen ihrer Art, ihres Verhaltens und ihrer liebenswerten Wesenszüge ein. An diesen Wochenenden stellte er seine Arbeitsanforderungen zurück und widmete sich ganz den Kindern. Er war selbst überrascht, wie intensiv sich plötzlich der innere Kontakt zu seinen Kindern entwickelte.

Die Kinder konnten durch das Leben mit der Mutter weiter von deren weiblichen Energien versorgt werden, und an den Wochenenden und in den Ferien kamen die männlichen Energien ihres Vaters dazu. Sie litten keinen Mangel, und durch die zuerst willentliche, dann natürlich einsetzende liebevolle Art, wie die beiden getrennten Ehepartner miteinander umgingen, entstand keine emotionale Verletzung bei den Kindern. Sie konnten ohne innere Belastung ihren Weg weitergehen. Sie waren auf der Seelenebene ohnehin auf die Trennung vorbereitet, und der weiche Vollzug auf der weltlichen Ebene hinterließ dann keine Narben.

Schwierig kann es auch werden, wenn die getrennten Eltern sich zu einer neuen Partnerschaft entschließen. Viele Kinder geraten dann in einen inneren Konflikt, da sie es nicht möchten, dass ein anderer Mensch die bereits vergebene Rolle der Mutter oder des Vaters einnimmt. Hier ist es sehr wichtig, nicht zu versuchen, plötzlich die eigentliche Mutter oder den Vater ersetzen zu wollen, sondern sich der Rolle bewusst zu bleiben, die man nun übernommen hat. Man ist kein Ersatz für irgendjemanden, sondern ein eigenständiger, neuer Zuwachs der Familie.

Eine Rolle innerhalb einer Familie wird in den meisten Fällen von den Beteiligten nur einmal im Leben innerlich vergeben. Auch trägt jeder Mensch energetisch alle Rollen der Familie in sich, die Rolle der Eltern, Großeltern, Geschwister oder Tanten und Onkel. Ist eine Rolle vergeben und ausgeprägt, wird sich das Kind innerlich daran orientieren.

Möchte nun etwa der Stiefvater oder die Stiefmutter dem Kind sein eigenes Rollenverständnis aufdrücken und fordert dies mit strengen Regeln ein, gerät der junge Mensch in große Konflikte. Er glaubt beispielsweise, den wahren Elternteil zu verraten, wenn es plötzlich eine andere Energie zulassen würde.

Sind die neuen Partner energetisch unabhängig und versuchen einfach nur, ihre Lebensrolle als Freund der Kinder einzunehmen, kann daraus ein sehr freies und liebevolles Miteinander entstehen. Auch die Eigenarten, welche die Kinder manchmal aufweisen, müssen nicht umgewandelt werden. Die Kinder können ihre Persönlichkeiten frei entfalten. Sie werden unbeeinflusst ihren Weg gehen können, und wenn man ihnen dazu Hilfe und Führung anbietet, nehmen sie diese in freier Entscheidung in der Regel gerne an. Je freier und ungezwungener neue Verbindungen eingegangen werden, umso leichter können die betreffenden Aura-Felder miteinander harmonieren. Die alten Muster von der „bösen Stiefmutter" oder vom „strengen Stiefvater" sollten abgelegt werden; denn die Angst davor steckt noch tief in vielen Menschen. Die Märchen von der bösen Stiefmutter oder der bösen Hexe sind Symbole der Ur-Angst, dass ein neuer Mensch in die Familie kommt und etwas Böses mit sich bringt.

Manchmal kann man auch erleben, dass der Elternteil, bei dem die Kinder nach der Trennung wohnen, die Kinder als Beziehungsersatz ansieht. Dies geschieht meist unbewusst, dennoch sind die Kinder mit dieser Aufgabe völlig überfordert. Sie können nicht die emotionale Leere füllen, die der Partner hinterlassen hat. Sie können ihre Liebe als Kinder schenken, aber sie sollten nicht als Freizeit-, Ersatzgesprächspartner oder Problemlöser angesehen werden. Diese Rolle können Kinder auf Dauer nicht übernehmen.

Das Beispiel von Helene zeigt, wie sie unbewusst ihr Bedürfnis auf die Kinder übertrug, am Abend zu Hause und für die Mutter da zu sein. Ihr Mann hatte sie schon so viel allein gelassen, nun sollten ihre Kinder dies nicht auch noch mit ihr tun. So stand sie anklagend an der Haustüre, wenn eines der Kinder am Abend wegging, und versuchte, diesem ein schlechtes Gewissen zu vermitteln. Die Kinder fühlten natürlich den psychischen Druck, und es entstand viel Missgunst.

Nicht selten neigen Menschen dazu, ihren Kindern ihre eigenen energetischen Lasten aufzubürden. Dies geschieht manchmal nicht ganz unabsichtlich, da eine alte Prägung dem Menschen vormachen will, dass er seine Last durchaus auf das Kind abwälzen könne, zumal man ja das halbe Leben für deren Existenz hingegeben habe. Dies ist eine Vorgabe dunkler Kräfte, die darauf abzielen, das alte Familienkarma unverarbeitet auf die nächste Generation abzuwälzen.

Renate berichtete, dass ihre Mutter ihr immer wieder vorschrieb, wie sie dieses oder jenes zu tun hatte. Renate konnte diese Vorgaben jedoch nicht annehmen, was dazu führte, dass es der Mutter bei jeder Weigerung sehr schlecht ging. Hier wird deutlich, wie die Mutter selbst mit einem massiven Anteil an emotionaler und gedanklicher Last umzugehen hatte, welche sie selber drückte, da sie diese vermutlich schon von ihrer Mutter übertragen bekommen hatte. Als die Mutter diese Last nun nicht auf das Kind abwälzen konnte, da dieses sozusagen "ungehorsam" war", begann jene Bürde verstärkt auf die Mutter zurückzuwirken. Es wurde nun Zeit für die Mutter, selbst mit diesem alten Feld umzugehen, damit es nicht erneut auf die nächste Generation weitergegeben werden musste. Es gibt viele Beispiele, in denen Menschen berichten, wie solche Altlasten oder Verhaltensmuster der Eltern auf sie übergegangen sind.

Rüdiger erzählte, dass er immer versuchte, den rauen und besserwisserischen Ton seiner Eltern nicht zu übernehmen, was ihm auch sehr gut gelang, wenn er sich nicht im Hause seiner Eltern aufhielt. Nach seinem Studium wohnte er jedoch wieder eine kurze Zeit zu Hause, und das Energiefeld der Eltern überwältigte ihn. Erst als der

Nachbar sagte: „Du redest genauso wie deine Mutter!", wachte er erschrocken wie aus einem Traum auf. Er war in das alte Muster zurückgefallen. Daraufhin beschloss er, so schnell wie möglich auszuziehen, da er keine Perspektive sah, wenn er zu Hause blieb. Er liebte seine Eltern von Herzen, aber er wollte auf keinen Fall so werden wie sie.

Auf feinstofflicher Ebene werden bereits die Kinder in erheblichem Ausmaß von den alten Familienfeldern beeinflusst. Nur allzu oft nehmen die Kinder unbewusst diese Last auch auf, um ihren Eltern zu zeigen, dass auch sie etwas wert sind und etwas beitragen möchten, um so ihre Liebe ihnen gegenüber auszudrücken. Sie möchten so die Aufmerksamkeit und Liebe der Eltern erlangen. Dies geschieht vor allem dann häufig, wenn auf der Herzensebene zwischen Eltern und Kindern bereits Konflikte aufgetaucht sind, die Eltern zu wenig Zeit für die Kinder aufbringen oder niemals gelernt haben, ihre Liebe den Kindern offen zu zeigen.

Vor noch nicht allzu langer Zeit war es üblich, die Kinder eher streng zu erziehen. Sie wurden in enge Verhaltensrahmen gepresst, und ein warmes, liebevolles Miteinander wurde kaum gelebt. So entstanden in den Kindern große Energielücken, die sie im späteren Verlauf ihres Lebens immer wieder mit Ersatzhandlungen zu füllen versuchten.

Dann setzte in der Erkenntnis dessen, dass zu viel Härte nicht der Weg sein konnte, seitens vieler Eltern die genaue Gegenreaktion ein. Den Kindern wurde alles zu- und durchgelassen, was erneut in eine Sackgasse führte, da diese Kinder keinen Halt fanden und im späteren Leben große Schwierigkeiten hatten, sich den gesellschaftlichen Strukturen anzupassen.

Auch jetzt findet man immer wieder Eltern, die ihren Kindern, in dem Bemühen, ihnen alles recht machen zu wollen, zu viel Spielraum lassen. Die Kinder sollen selber entscheiden, ob sie etwa bei eisiger Kälte ihre Handschuhe und eine Mütze anziehen möchten oder nicht. Es werden ihnen so viele Wahlmöglichkeiten gelassen, dass sie letztlich überfordert sind und gar nicht mehr wissen, woran sie sich halten können. Dies stellt für junge Menschen eine Überforderung dar. Den Energien und Bedürfnissen der Kinder nachzukommen, ist eine wunderbare Sache, ihnen jedoch jegliche Entscheidung zu überlassen, ist nicht dienlich. Sie benötigen eine Orientierung, eine innere Führung und sind manchmal sehr dankbar, wenn nicht jede Anwandlung und jeder eigenartige Wunsch sogleich verwirklicht werden kann.

Kinder sind negativen Energien von außen erheblich intensiver ausgesetzt als Erwachsene. Sie haben die Kraft ihrer Seele noch nicht vollständig zur Verfügung und benötigen dringend immer wieder das Aufzeigen einer Grenze oder einen deutlichen Hinweis, wohin ihr Weg gehen könnte. Dankbar nehmen sie diese Ratschläge an, da sie in ihrem Inneren spüren, was für sie hilfreich ist. Dabei bleibt der Respekt vor der Freiheit des Kindes vollständig gewahrt. Entscheidend ist, dass auch die Eltern über eine innere Klarheit und geistige Führung verfügen.

Kinder fühlen unmittelbar die Wahrheit hinter den Worten. Werden sie streng erzogen und in ihrer Entfaltung eingeengt, weil ein Elternteil in seinen Gedanken und Emotionen unfrei und eingeschränkt ist, werden sie sich dagegen wehren, da sie nicht auch zum Spielball dieser alten Felder werden möchten. Werden sie jedoch von den inneren Eingaben und Führungen der Eltern unterstützend angeleitet, können sie diese Hilfe sehr gut annehmen. Auch eine Lüge der Eltern, aus welchen Motiven auch immer, wird von den Kindern sehr klar gefühlt. Vielleicht können sie die Anlässe noch nicht unmittelbar verstehen, aber mit der Zeit werden sie die Hintergründe erkennen.

Sagt man ihnen offen und ehrlich, wenn man einmal selbst einen Fehler gemacht hat oder wenn man einfach zu erschöpft ist, um am Abend noch mit ihnen zu spielen, so sehen sie dies in den meisten Fällen ein. Sind sie grundsätzlich getragen von der Elternliebe und nimmt man sich immer wieder wirklich Zeit für sie, unter Einsatz der ganzen Persönlichkeit, sind auch sie bereit, zu geben oder Rücksicht zu nehmen.

Kinder möchten vollkommen angenommen sein. Hierzu ist es wichtig, sich Zeit zu nehmen und dem Kind die Möglichkeit zu geben, sich auszudrücken. Diese Zeit muss gar nicht den ganzen Tag umfassen. Einige wichtige Momente sind das Entscheidende. Das Kind möchte fühlen, dass die Mutter oder der Vater dann da sind, wenn es sie wirklich benötigt. Das kann ein unterstützender Blick sein oder eine Geste: „Du schaffst das schon!“ Dadurch weiß das Kind, dass es unterstützt wird und angenommen ist.

Die Kinder der jetzigen Generation verfügen vielfach über ein großes Potenzial an geistiger Kraft. Sie sind mit den Energien einer neuen Zeit vertraut, und ihre Persönlichkeiten bringen eine große Seelenkraft mit. Daher sind sie vielleicht rebellisch, weil sie sich nicht in ein altes Familienkarma einfügen wollen. Sie mögen ablehnend erscheinen, weil sie nicht die energetischen Lasten und Vorgaben der Eltern übernehmen wollen; und sie fügen sich nicht mehr in das bestehende System ein, da es nun vor einer tiefgreifenden Wandlung steht.

Manche Körper sind noch nicht vorbereitet für die intensiven Energien, die einige Kinder bereits mitbringen, was sich durch große Nervosität und Unruhe zeigt. Doch tragen diese Kinder manchmal noch sehr eigenwillige Altlasten mit sich, die sie in diesem Leben transformieren möchten. Hier ist es wichtig für die Eltern zu erkennen, ob Egoismus und Eigenwille das Kind beherrschen oder ob es energetisch noch unter Anpassungsproblemen leidet. Wenn man sich auf die Kinder einstellt, kann man diesen Unterscheid meist sehr gut erkennen. Es ist dann entscheidend, sie so zu führen, wie es sich ihre Seelen wünschen – in Harmonie mit dem göttlichen Willen.

Kinder möchten von Herzen angenommen werden. Manche Dinge gilt es zu erklären und manche Dinge müssen hingenommen werden. Steht ein Kind vor dem Weihnachtsbaum und zerrt immer nur herum, kann der einzige Grund, warum es dies tut, darin bestehen, dass es einmal die Christbaumkugeln berühren und ihr Glitzern in seinen Händen fühlen möchte. Wird es dann hochgenommen und darf die Kugel anfassen, ist es zufrieden. Wird es aber unter Schimpfen fortgeschoben, wird dieses Bedürfnis nicht gestillt und als unerfüllter Wunsch abgespeichert.

In Trennungsphasen gilt es, sich immer wieder bewusst zu machen, dass über die Kinder sehr leicht die Energie des Partners transportiert werden kann. Die Kinder lieben beide Elternteile und werden sich vor keinem verschließen. Auch über das genetische Material besteht eine Öffnung für die Energien der Eltern. Eine Einflussnahme kann daher sehr leicht geschehen, da die Kinder noch nicht ihre gesamte Seelenkraft zur Verfügung haben. Dies empfinden viele getrennt lebende Eltern als sehr störend, da sie im Anfang der Trennung meist mit dem Ex-Partner nichts mehr zu tun haben wollen. Sehr schnell geht dann der Missmut auf die Kinder über, was unbedingt vermieden werden sollte, da sie nichts für die Übertragung des Energiefeldes können.

Die stärksten karmischen Bindungen werden in der Regel innerhalb der Familien verarbeitet. Da viele Seelen sich sehr häufig immer wieder innerhalb desselben Familienverbandes inkarnieren, sammeln sich dort im Laufe der menschlichen Entwicklung auch sehr viele Belastungen an.

Dann kann es geschehen, dass ein Elternteil mit einem der Kinder immer ein ganz bestimmtes Problem zu bewältigen hat. Er wird vielleicht sogar vom Kind als Gegner betrachtet, und es entstehen immer wieder hässliche Streitigkeiten und Machtkämpfe. In einem solchen Fall ist es wichtig, in der jetzigen Inkarnation miteinander zu reden. Vermag man sich die aktuellen Gefühle bewusst zu machen, dann lässt sich meist erahnen, welche Hintergründe vorhanden sind. Neid und Missgunst waren beispielsweise im Mittelalter an der Tagesordnung, und die Menschen sind immer noch dabei, ihre alten Verfehlungen und Anfeindungen auszugleichen.

Die karmischen Hintergründe können so vielgestaltig sein, wie es Sandkörner am Strand gibt. Immer jedoch wird es die Liebe sein, die diese alten Lasten auflöst. Indem man innerlich darauf achtet, in welchen Situationen Zorn oder andere negative Gefühle nach oben dringen, lernt man, mit ihnen umzugehen.

Die geistige Führung und die göttliche Liebe werden alles tun, um einer bittenden Seele den notwendigen Beistand zu geben, um altes Karma zu verarbeiten und zur Auflösung zu bringen, sobald die Bereitschaft dazu vorhanden ist und die Gefühle nicht mehr nur wild und unbewusst ausgelebt werden. Mitunter dauert es sehr lange, bis sich alte Felder auflösen, doch mit der notwendigen Bereitschaft im gemeinsamen Gespräch lassen sich die Grundlagen dafür schaffen. Sobald die Kinder reif genug dafür sind, können alte karmische Schulden liebevoll ausgeglichen werden.

VIII.
TREUE UND UNTREUE

Die nachfolgenden Ausführungen möchten das Thema Treue und Untreue in keiner Weise wertend oder beurteilend erörtern. Sie beleuchten ausschließlich energetische Hintergründe und versuchen, den Leser auf erkennbare feinstoffliche Energiefelder aufmerksam zu machen, die in diesem Zusammenhang eine Rolle spielen. Dabei wird sich zeigen, wie viele Aspekte das Wort „Treue" aufweisen kann.

Kollektive Felder üben auf den Menschen einen starken Einfluss aus. Wird ein Mensch etwa so erzogen, dass ein „Seitensprung" in einer Ehe als absolut anstößig und verurteilungswürdig angesehen wird, bleibt es vermutlich nicht aus, dass er dieselbe Wertung übernimmt, wenn dieser Fall ihn selbst betreffen sollte. Er wird dann entweder sich selbst oder seinen Partner auf schmerzhafte Weise innerlich verurteilen. Das Verzeihen wird einem so vorgeprägten Menschen besonders schwer fallen, da ein mächtiges Feld mit exakten Moralvorstellungen ihm „im Genick sitzt" und die Einhaltung der Vorgaben einfordert. Man kann diese Gedankenformen wie Wächter auf der Hinterseite des Hals-Chakras wahrnehmen, von wo aus sie ihre Herrschaft auszuüben versuchen.

Untreue, allgemein verstanden als die Hinwendung an einen anderen Menschen in einer sexuellen Beziehung, kann viele Hintergründe haben.

Häufig sucht der Mensch außerhalb seiner „offiziellen" Beziehung eine bestimmte Energie, die ihm zur Zeit fehlt. Die neue

Beziehung behebt also einen Mangel, den er innerlich verspürt. Wären alle seine Wesensaspekte innerhalb seiner Partnerschaft angesprochen und erfüllt, käme er vermutlich gar nicht auf die Idee, irgendetwas bei einem anderen Menschen zu suchen.

Manchmal ist ein Mensch nicht mit sich zufrieden und fühlt, er sollte etwas ändern, doch hat er den richtigen Weg noch nicht gefunden. Manche innere Bereiche neigen dann dazu, den Menschen abzulenken von seiner notwendigen Veränderung, indem sie ihm den Impuls zu einer neuen Liebesbeziehung eingeben. Der Mensch fühlt sich innerlich unwohl und glaubt, dass der neue Reiz von außen eine Veränderung bewirken könne. Vielfach bedeutet der neue Einfluss jedoch nicht die Erfüllung der Wünsche, sondern nur ein Nachlassen der negativen Gefühle, die ihn ansonsten einhüllten.

Auch kann es sein, dass eine bestehende Beziehung so stark vom Alltag überwältigt wird, dass sie ihren kreativen Reiz verloren hat und man sich durch die Aktivierung der Lebenskraft – mittels eines neuen männlichen oder weiblichen Impulses – wieder lebendig fühlen möchte. Manchmal sind dies einmalige Vorgänge, und man geht dann wieder in die bestehende Beziehung zurück. Manchmal ist es ein sich wiederholendes Erfüllen von Bedürfnissen, die vom bisherigen Partner nicht mehr befriedigt werden.

Manche Männer, die in sich bestimmte Neigungen verspüren, von denen sie glauben, sie nicht mit ihrer Partnerin leben zu können, holen sich diese Art der körperlichen Zuwendung von außen. Eventuell gehen sie zu Prostituierten oder suchen sich eine geeignete andere Ausgleichsbeziehung.

Auch Rache kann ein Hintergrund des „Fremdgehens" sein. Nicht selten fühlen sich Männer oder Frauen von ihrem Partner so verletzt und missachtet, dass sie durch ihr Verhalten eine innere Wiedergutmachung herstellen möchten. Auch wenn dieser es in seiner Persönlichkeit nicht erfährt, wird die Untreue als eine Art „Rache-Erfüllung" angesehen und somit ein Ausgleich geschaffen gegenüber der eigenen Demütigung. Innerhalb einer solchen Beziehung herrschen meist ohnehin viele Spannungen. Unausgesprochene Konflikte und unbewusste Teile kämpfen miteinander. Mit der Zeit werden sich die unbearbeiteten Konflikte auch in den Persönlichkeiten bemerkbar machen.

Ein Partner lässt sich vielfach nicht so verändern, wie es der andere gerne hätte. Um diese dauernde scheinbare Missachtung zu „rächen", gleichen manche Menschen diesen Umstand dadurch aus, dass sie andere Beziehungen eingehen und die neue Zuwendung aufsaugen wie ein leerer Schwamm.

Die energetische Gefahr, wenn man sich mit Emotionen wie Rache umgibt, ist allerdings nicht unerheblich. Es existieren zahllose dunkle Wesen und von Menschen geschaffene Gedankenformen, die als „Rache-Dämonen" bezeichnet werden können. Treffen diese auf eine wesensgleiche Energie, versuchen sie mit großer Kraft, ihre eigene Negativität zu verankern. Gelingt dies, wird der Mensch aus dunklen Bereichen heraus manipuliert. Die Beeinflussung seitens negativer Energien ist nicht zu unterschätzen, da sie von dunklen, machtvollen, fast dämonischen Wesen ausgeht. Sie kann bei gefährdeten Menschen sehr viel Schaden anrichten. Hat ein Mensch einmal, selbst unbewusst, eine solche Energiestruktur zu Hilfe genommen, um einem anderen zu schaden, wird er selbst zu gegebener Zeit einen Anteil dieser dunklen Astralkräfte in sich aufnehmen müssen, um sein Karma auszugleichen und diese Energiefelder zu transformieren.

Diese fremden Einheiten sind nicht zu verwechseln mit den eigenen „inneren Dämonen". Dies können Teilbereiche des Menschen sein, die in einem früheren Leben einmal sehr viel Liebloses erfahren oder fortwährendes Leiden erlebt haben, was sie nur noch so aushalten konnten, dass sie sich statt in Schmerz in Hass und

Rachegedanken verwandelten. Aggressionen lassen sich für viele Menschen leichter aushalten als tiefer Schmerz und menschliche Verletzung. Solche alten Einheiten wirken nicht selten im Inneren des Menschen und aktivieren ihn zu immer neuen schlechten Gedanken über den Partner. „Er wird dich bestimmt verletzen. Er wird andere Beziehungen eingehen. Er wird sich anderen Frauen/ Männern zuwenden." So oder ähnlich lauten die Einflüsterungen. Zugleich sucht dieser innere Teil mit großer Beharrlichkeit immer wieder gewisse Vorgänge, an denen er herumnörgeln und über die er seine angestaute Energie ausleben kann. Er sieht nicht das Gute und Schöne, sondern nur das Negative. Solche inneren Teilbereiche können dem Menschen das Leben sehr schwer machen, da sie nicht wirklich die Realität sehen, sondern unbedingt das Lieblose als Wahrheit wahrhaben möchten, obwohl es mitunter gar nicht vorhanden ist. So könnte der Mensch in etlichen Fällen glücklich sein, ist es aber nicht, da solch ein alter Teil in seinem Inneren sein Unwesen treibt und seinen Ausdruck sucht.

Nicht selten verlagert sich bei vielen Frauen nach der Geburt eines oder mehrerer Kinder die Aufmerksamkeit ganz auf die Erziehung und den Haushalt; und die körperlichen Zuwendungen und Bedürfnisse des Mannes kommen zweifelsfrei zu kurz. Diese können ihre körperlichen Wünsche aber nicht einfach abschalten, und die Sehnsucht nach ihrer Erfüllung treibt sie mitunter in Neben-Beziehungen.

Manchmal sind Menschen auch Ehen eingegangen aus Gründen, die auf Äußerlichkeiten basierten oder auf der erhofften Erfüllung von bestimmten Lebensvorstellungen. Werden diese dann von der Wirklichkeit nicht erfüllt, setzt im Inneren bald die Suche nach einem anderen Weg ein. Da jedoch aufgrund von Prestige-Denken und gesellschaftlicher Konvention die Ehe weitergeführt werden soll, wird die äußere Fassade aufrechterhalten. Hinter den Kulissen gehen die Beteiligten getrennte Wege. Ist dieser Weg für beide Seiten in Ordnung, hat hier von außen niemand etwas anzumerken. Schwierig wird es, wenn nur ein Partner diesen Weg wählt und der andere leidet. Die Gründe dafür können sehr vielgestaltig sein, und jeder Mensch muss für sich selbst entscheiden, wie er sein Leben führen möchte.

In vielen Menschen setzt nach der sogenannten Untreue das schlechte Gewissen ein. Dies rührt nicht selten daher, dass viele Ehepartner einander Treue geschworen haben. Dieser Schwur bleibt auf geistiger Ebene bestehen, und bei einem Bruch wird der oder die Betreffende mit dieser Energie umzugehen haben. In früheren Leben wurden solche Treueschwüre nicht selten *für immer und ewig* geleistet, was die energetische Verbindung noch mehr unterstrich, vielleicht noch mit einer Überlagerung wie: „Wenn ich je untreu werde, soll mich der Teufel holen!“ Je intensiver solche Schwüre abgelegt wurden, umso stärker war das Bestreben, sie auch einzuhalten. Nicht selten muss ein Mensch, der in einer früheren Inkarnation ein solches Versprechen gegeben hat, gerade eine Situation der Untreue durchleben, damit er das alte Feld auflösen kann. Es bedarf des Verständnisses und der Vergebung, um solche alten Bande endlich zu lösen. *Alle* Bindungen, Schwüre, Gelöbnisse und Versprechen engen den Menschen ein. Alles Handeln sollte aus dem Herzen erfolgen, aus der inneren Bejahung einer bestimmten Lebensgestaltung, und nicht von alten Vorgaben, seien sie kulturell oder religiös, geprägt werden.

Ein großes Problem in Beziehungen stellt die Lüge dar. Jede Lüge, die aufrechterhalten werden muss, um eine Entdeckung zu verhindern, verbraucht Unmengen an Energie. Trägt der Mensch eine Lüge mit sich herum, ist er immer angreifbar von Energiefeldern, die eine Qualität und eine gleichartige Zielsetzung haben. Seine Aura weist eine innere Blockade auf, und die feinstofflichen Ströme können hier nicht ungehindert fließen.

Absolute Offenheit wäre hier die Lösung, um sich wieder innere Freiheit zu verschaffen. Doch nicht immer wird dieser Schritt als Lösungsweg gewählt.

Am Beispiel einer Frau wird deutlich, wie die Freiheit des eigenen Gewissens hinter die Gefühle des Kindes und des Mannes gestellt wurde.

Bei einem Klassentreffen vor vierundzwanzig Jahren traf sie ihre erste Liebe wieder. Sie war damals bereits verheiratet, doch in dieser Nacht überwältigten sie die alten Gefühle für ihren ersten Freund wieder und sie verbrachten eine Nacht miteinander. Es war sehr schön für sie, doch sie konnte nur schwer mit ihrem schlechten Gewissen umgehen. Zu ihrem großen Schrecken wurde sie danach schwanger und wusste nun nicht sicher, wer der Vater ihres Kindes war. Dem Jugendfreund wollte sie nichts sagen, aus Angst er könnte Ansprüche stellen, und ihrem Mann offenbarte sie sich ebenfalls nicht, aus Angst, er könnte sie verlassen. Vierundzwanzig Jahre lang trug sie diese Last mit sich herum, die ihr viel Kraft und Selbstwertgefühl nahm. Sie wagte es in dieser Zeit nie, wirklich ehrlich zu ihren Gefühlen zu stehen und in ihrer Ehe ihrem Mann gegenüber eine eigene Meinung zu äußern. Sie glaubte innerlich, sie sei es nicht wert, entschieden für sich selbst einzustehen. Sie nahm alle Ungerechtigkeiten hin und verstärkte so noch ihre innerliche Schwäche.

Nach vierundzwanzig Jahren wollte der Sohn heiraten und ließ seine Blutgruppe bestimmen, da seine Freundin schwanger war und der Verdacht auf Blutzucker bestand. Plötzlich brach das ganze angestaute Gefühlschaos wieder auf, und sie war in Panik, nun könnte alles ans Licht kommen. Nach einigen Tagen legte sich das Gefühlswirrwarr etwas, und sie traf eine Entscheidung.

Sie könnte die Wahrheit über die Liebesnacht vor vierundzwanzig Jahren sagen, dass ihr Sohn eventuell nicht der Sohn ihres

Mannes war, aber wenn sich die Vermutung dann als unrichtig erweisen würde, hätte sie sich ohne Grund entblößt. Innerlich glaubte sie dennoch, Schuld auf sich geladen zu haben. Zugleich wusste sie, dass die Wahrheit sie befreien würde. Es wäre sicherlich ein schwerer Schritt, doch sie müsste in der Folge keine Angst mehr vor einer Enthüllung haben. Doch wie sähe es mit den Gefühlen ihres Sohnes und ihres Mannes aus? Sie liebten sich sehr, und sie war sich innerlich sicher, dass ihr Mann auch geistig der Vater war, der das Kind sein Leben lang begleitet hatte, und nicht unbedingt ihr Ex-Freund, selbst wenn er biologisch sein Erzeuger wäre. „Jede Seele ist einzigartig! Kein Mensch gehört irgendjemandem." Vielleicht hatte der Sohn als eigenständiges geistiges Wesen das Erbmaterial des anderen Mannes benötigt, war aber auf Seelenebene mit ihr und ihrem Mann verbunden. Diese Einsicht erkannte sie als Wahrheit und begab sich an die Bereinigung ihrer inneren Unordnung – mit Göttlicher Hilfe.

Inständig bat sie die göttliche Führung um Unterstützung und machte sich klar, dass sie sich nur vor Einem zu rechtfertigen hatte. Ihm allein musste sie Rechenschaft ablegen und sonst niemandem. Um die Gefühle ihres Sohnes und ihres Mannes zu schützen, behielt sie die Wahrheit in ihrem Inneren und überließ in der Folge der geistigen Führung das Geschehen. Würde sich herausstellen, dass die Blutgruppe ihres Sohnes nicht aus den Blutgruppen von ihr und ihrem Mann entspringen könnte, würde sie die Wahrheit sagen. Wenn nicht, würde sie die Angelegenheit ausschließlich mit Gott ausmachen. Diese Gewissheit, dass ein Urteil, wenn überhaupt, von einer Göttlichen Instanz gesprochen werden würde und von sonst niemandem, gab ihr ihre innere Stärke zurück. Langsam löste sich ihr schlechtes Gewissen auf, und sie war inzwischen bereit, wenn dies die geistige Führung von ihr verlangen sollte, die Konsequenzen ihrer einstigen Handlungen zu tragen, selbst wenn sie dafür von ihrer Familie an den Pranger gestellt werden sollte. Sie war wieder zu Klarheit in ihrem Denken gelangt und bereit für die Antwort des Lebens. Die Blutgruppen waren letztlich kompatibel, und eine Offenlegung der damaligen Beziehung wurde somit nicht notwendig. Sie nahm diese Entwicklung als geistige Führung an, und Frieden kehrte in ihr Herz ein. Sie gewann wieder ihr Selbstvertrauen zurück und setzte sich in der Folge mehr für ihre eigenen Belange ein.

Nicht selten ist es die Selbst-Verurteilung, die dem Menschen nach einem „Seitensprung" so viele Schwierigkeiten bereitet. Im Astral- oder Mentalkörper existiert eine bestimmte Vorstellung von Treue, die als Gedankenform eingehalten werden möchte. Dieses vorgegebene Feld hat der Mensch verletzt. Da jenes Energiefeld von ihm selbst geschaffen wurde, liegt es auch an ihm, sich selbst zu verzeihen.

Für viele Menschen ist die Treue innerhalb einer Beziehung sehr wichtig. Sie möchten sich einem Menschen öffnen und sich von ihm gehalten und getragen wissen. Sie fühlen sich verraten, wenn dessen Aufmerksamkeit sich noch auf andere Beziehungen richtet. Es gibt ihnen Halt und Sicherheit, und die gegenseitige Liebe fördert das geistige Wachstum. Innerhalb dieser Beziehung, in der sich zwei Menschen entschieden haben, nur füreinander da zu sein, kann sich inspirierende Tiefe und Entwicklung zeigen. Man kann sich auf den anderen verlassen und weiß, dass es auf der Erde einen Menschen gibt, der mit einem alles Leid und alle Freude teilt. Die Harmonisierung der männlichen und weiblichen Aspekte des Menschen kann durch die gegenseitige Aufmerksamkeit erreicht werden.

Es gibt Menschen, die aufgrund ihrer Erkenntnisse von Jahrtausenden fähig sind, die Liebe in ihrem Inneren bereits sehr frei fließen zu lassen. Ihr hoch entwickeltes Bewusstsein ist eng mit der geistigen Welt verbunden, und sie werden von ihr geführt und inspiriert. Nicht selten haben diese Menschen den ursprünglichen, wahren tantrischen Weg in früheren Leben praktiziert, und sie wissen in ihrem Inneren um die Erhöhung der Ur-Lebenskraft durch den Ausdruck der körperlichen Liebe.

Doch die körperliche Liebe existiert nur auf der irdischen Ebene. Hat eine Seele endgültig die geistigen Ebenen erreicht, wird es keine Begrenzung mehr geben, und die Liebe verströmt sich auf alles Sein. Dieses Wissen tragen jene Menschen in sich und möchten diese Liebe innerhalb einer Inkarnation auch auf der Körperebene verschenken. Sie bemühen sich um viele Menschen und tragen viel Verständnis und Nächstenliebe in sich. Sie sind in der Lage, die Liebe aus dem Herz-Chakra ihren Kindern, ihrer Familie oder ihren Freunden mit großer Hingabe zu schenken, welche diese ebenfalls bis in das Innerste berührt. Treffen sie mit einem Menschen zusammen, der sie körperlich anspricht, möchten sie sich auch mit ihm vereinen und ihm so auf allen Ebenen ihre Liebe schenken. Sie möchten dieses freie Geschenk der Liebe auch nicht durch weltliche Beschränkungen, etwa durch Treueversprechungen, behindern lassen und stehen für ihre Freiheit mit großer Klarheit ein. Bei ihnen ist die körperliche Liebe von einer tiefen Herz-Liebe erfüllt, welche sie ihren Partnern schenken.

Für andere Menschen wiederum hat Treue einen sehr wichtigen spirituellen Hintergrund. Die Liebe fließt intensiv aus ihrem Herz-Chakra und berührt die Mitmenschen zutiefst. Seit vielen Inkarnationen streben sie in ihrem Inneren nach größerer Bewusstwerdung und innigerer Nähe zum Göttlichen. Sie wissen, dass der Mensch in einer partnerschaftlichen Beziehung die Beziehung zum Göttlichen wiedererwecken kann - man kann das göttliche Du im menschlichen Du erleben. Somit wird die Partnerschaft im gemeinsamen Erleben menschlicher Sexualität zu einer Erfahrungssuche, die im Inneren eng mit der Beziehung zu Gott und der Suche nach Gott verbunden ist. Symbolisch gesehen, ist eine echte Partnerschaft eine gemeinsame Suche nach dem einen Gott, die nach ihrer Überzeugung nur mit einem einzigen

Partner zu erleben ist. In der irdischen Konsequenz drücken diese Menschen letztlich auch ihr intensives Streben nach Gott aus.

Es existieren viele Wege, und jeder Mensch darf für sich seine eigene Form der Wahrheitssuche finden.

Grundsätzlich ist erkennbar, dass sich eine vollkommene geistige Beziehung nur dann erreichen lässt, wenn die betreffenden Menschen wirklich an sich arbeiten, was mitunter zu großen Herausforderungen innerhalb einer bestehenden Beziehung führen kann. Eine tiefe, seelische Bindung kann nur zwischen geistig reifen Menschen entstehen.

Von einer Beziehung in die nächste zu wechseln, ist selten der richtige Weg, wenngleich in der heutigen Zeit viele Verbindungen in einer Inkarnation verarbeitet werden können. So kann es geschehen, dass ein Partner möglicherweise nicht bereit ist, an sich zu arbeiten, und damit sein Gegenüber in seinem geistigen Fortschritt behindert. In solchen Fällen wird es sogar von der geistigen Welt gefördert, dass der erwachtere Partner den anderen verlässt, damit er auf seinem Pfad weitergehen kann.

Jede Beziehung ist einzigartig. Jede Beziehung weist ihr eigenes Karma auf und ihre besonderen geistigen Möglichkeiten. Man kann keine Beziehung mit einer anderen vergleichen. Auch zwischen den beiden Partnern kann das, was für den einen der richtige Weg zur Erkenntnis oder zur Auflösung von altem Karma ist, für den anderen als Bruch empfunden werden. Jeder Mensch muss für sich allein *seinen eigenen Weg* finden. Nur im mutigen Voranschreiten kann der eigene Weg gefunden und entfaltet werden. Entscheidend ist die Bereitschaft, konsequent an sich zu arbeiten und die Hinweise des Lebens wach aufzunehmen.

Das Beispiel einer Frau zeigt auf, welches Verhalten ausgelöst werden kann, wenn ein Partner in einer Beziehung sich einem Dritten zuwendet.

In der Ehe dieser Frau entwickelte sich immer häufiger Streit und Unfrieden. Immer stärker vermisste sie eine liebevolle Zuwendung und ein gemeinsames Gespräch. Ihr Zusammensein wurde von Diskussionen über die Kinder und den Alltag bestimmt, von einem Eheleben als Liebesleben war aber nur noch wenig zu spüren. Sie wurde nicht mehr vom Herz-Chakra aus begehrt und konnte bei den gelegentlich stattfindenden „körperlichen Abregungen", wie sie das Bedürfnis ihres Mannes nannte, schon lange nichts mehr fühlen. Sie ertrug sie mehr oder weniger, ohne etwas zu sagen. Sie ertrug es auch, damit nicht die üble Laune ihres Mannes ihren Alltag bestimmte, sollte sie sich ihm verweigern. Innerlich empfand sie nicht mehr den Wunsch, mit ihrem Mann zu schlafen.

Als sie eines Tages auf eine Veranstaltung gingen, während die Kinder bei der Oma waren, fiel ihr plötzlich der Gitarrist der Band auf, die nur zwei Reihen vor ihnen spielte. Sie empfand ihn als ausgesprochen aufregend und seine Schultern und Arme als sehr männlich. Auch er erwiderte einen ungewöhnlich langen Blickkontakt mit ihr. So oft sie konnte, schaute sie zu dem Gitarristen, und dieser ging auf das Spiel der Blicke ein, obwohl er sah, dass sie mit einem Mann gekommen war. Sie genoss seine begehrlichen Blicke und fühlte in sich wieder eine Energie, die sie schon lange nicht mehr wahrgenommen hatte. Es kam ihr vor, als wäre etwas völlig Eingeschlafenes wieder zum Leben erweckt worden.

Ihr Mann bemerkte nach einiger Zeit den heftigen Flirt und wollte sofort nach Hause gehen. Dies war der Frau natürlich nicht Recht, und sie wäre gerne noch geblieben, obwohl sie sich innerlich nicht sicher war, wie weit dies alles gehen würde. Doch ihr Pflichtgefühl siegte, und sie ging mit ihrem Mann nach

Hause. Zu Hause angekommen, zerrte er sie ohne viele Worte ins Schlafzimmer und forderte „seine Rechte“. Sie war zutiefst schockiert und fühlte sich wie in Besitz genommen. Sie konnte sich vor Schreck nicht einmal zur Wehr setzen und ließ es einfach geschehen. Wieder „Herr“ im eigenen Haus, stand ihr Mann auf und verließ „befriedigt“ das Schlafzimmer.

Es dauerte in der Folge nicht lange, und die Frau begann tatsächlich ein Verhältnis mit einem anderen Mann, der ebenfalls unglücklich verheiratet war und ihr große Zärtlichkeit und Zuwendung entgegenbrachte. Sie blieb jedoch vorerst noch bei ihrem Mann, da er ihr den notwendigen finanziellen Rahmen und die gesellschaftliche Anerkennung bot, die sie wiederum für ihre Arbeit an ihrem Wohnort benötigte.

Hier kann man diskutieren, ob dies nun eine gute Lösung war oder ob nicht das gesamte Lügengebilde hätte aufgeräumt werden müssen. Doch die Antwort können letztlich nur die Menschen geben, die es betrifft. In Wahrheit blickt kein Dritter in die letzten Winkel einer Seele. Die Frage, wie man Beziehungen lebt, muss jeder Mensch für sich selbst treffen. Er hat sie vor sich selbst und vor den göttlichen Gesetzen zu rechtfertigen.

Eine Umfrage hat vor kurzem ergeben, dass die Bereitschaft der Menschen, Seitensprünge zu verzeihen, immer mehr zunimmt.

Bedeutet dies, dass den Menschen eine vertrauensvolle Beziehung nicht mehr so wichtig ist? Bedeutet dies, dass intime Beziehungen eine geringere Wertigkeit erhalten? Oder bedeutet dies, dass die Menschen ehrlicher und offener miteinander sprechen? Zeigt es, dass zwar grundsätzlich Treue angestrebt wird, jedoch in gegenseitiger Erkenntnis und im Zuge menschlicher Reife allmählich das Verzeihen gelernt wird?

Es ist heute kein Geheimnis mehr, dass die körperliche Anziehungskraft bei vielen Paaren, die ständig zusammenleben, bereits nach wenigen Jahren nachlassen kann. Die chemischen Reaktionen scheinen sich zu verringern, und das „gewisse Prickeln" verliert sich.

Dann sollte allerdings die Herzensverbindung die fehlende körperliche Attraktion ersetzen und eine Berührung aus Liebe auslösen. An diesem Punkt geht es nicht mehr darum, ob der Körper den Ausschlag der sexuellen Spannung fühlt, sondern die Berührung, die Zärtlichkeit wird von der Ebene des Herz-Chakras aus genossen und nicht mehr ausschließlich durch die beiden unteren Zentren. Die Sexualität wird um eine Stufe erhöht und kann für beide Seiten dennoch tiefe Erfüllung bringen. Dies wiederum kann nur erreicht werden, wenn sich zwei Menschen im Herzen und im Geist nahe stehen, sich vollständig vertrauen und wissen, dass sie den Weg gemeinsam gehen möchten. Die Liebe im Herz-Chakra ist der Schlüssel dafür.

Der gegenwärtige intensive Prozess karmischer Verarbeitungen führt mitunter wieder dazu, dass man mit einem anderen Menschen zusammentrifft, mit dem man im vorigen Leben Persönlichkeitsteile ausgetauscht und vermischt hat. So kann man sich in einer wundervollen Beziehung befinden und seinen Partner von Herzen lieben, bis plötzlich jener Mensch auftaucht, zu dem man sich unwiderstehlich hingezogen fühlt.

Hatte man in einem früheren Leben eine intensive, beglückende Beziehung zu diesem Menschen, so geschah es nicht selten, dass sich mit der Zeit Seelenteile so vermischten, dass sie sich im Aura-Feld des anderen befanden. Dies geschieht leider sehr häufig, wirkt sich jedoch auf das persönliche Weiterkommen sehr störend aus. Jeder Mensch sollte sich nur für sich selbst entfalten und entwickeln. Vermischen sich die aurischen Felder zweier Menschen, sieht es aus wie bei einem verwachsenen Baum, bei dem sich die Äste so ineinander verzweigt haben, dass letztlich keiner mehr richtig zum Himmel wachsen kann. Dies ist dann keine Liebe auf der Basis von Freiheit, sondern eine nicht hilfreiche Bindung, welche die Entwicklung behindert. Die geistige Führung ist sehr bestrebt, solche verwickelten Bande aufzulösen. Wenn sich ein Paar nach vielen Jahren sogar im Aussehen annähert, haben sich oft schon viele Persönlichkeitsteile in den Auren vermischt. In einem solchen Fall kommen die Betreffenden auch nach ihrem leiblichen Tod nur schwer voneinander los. Die inneren Bereiche haben sich so stark mit dem anderen verflochten, dass die Suche nach Geborgenheit und Zuwendung auf einen *Menschen* projiziert wurde, anstatt sie auf das *Göttliche* auszurichten.

Sind solche Bindungen vorhanden, werden die jeweiligen Menschen zusammengeführt, damit sie diese Bande wieder lösen können. Kommen sie jedoch erstmals in einer neuen Inkarnation in Kontakt miteinander, glauben sie anfänglich durch die gefühlsmäßige Nähe, dass dies das Zeichen für eine erneute Beziehung sein müsse, was jedoch in einer solchen Situation in den meisten Fällen nicht sinnvoll ist. Viele Menschen spüren bei solchen Wieder-Begegnungen eine so gewaltige Anziehungskraft, dass sie es kaum ohne den anderen aushalten. In Wahrheit suchen sie jedoch ihre eigenen abgespaltenen alten Seelenteile, die sich noch im System des anderen befinden. Es wird somit die Sehnsucht nach den eigenen Teilen gefühlt. Es soll daher keine neue Bindung eingegangen werden, sondern es geht ausschließlich darum, die eigenen Teile wieder in die Aura zurückzuholen und jene Bereiche abzugeben, die man selbst von dem anderen Menschen in der Aura trägt. Hat man selbst jedoch keine eigenen Anteile mehr im Energiesystem des anderen, wird die Anziehung nur einseitig sein. Dann fühlt sich der ohnehin schon verwirrte Mensch noch verwirrter – und versteht die Welt nicht mehr. Daher ist es sinnvoll, sich nicht gleich unüberlegt den eigenen Gefühlen auszuliefern und die Wogen der Emotionen über sich zusammenschlagen zu lassen.

Hier haben sich die folgende Meditation und das nachstehende Gebet sehr bewährt:

Man setze sich auf einen bequemen Platz, richte die Wirbelsäule gerade auf, stelle die Füße schulterbreit nebeneinander auf den Boden und schließe die Augen.
Nach einigen tiefen Atemzügen nimmt man beide Hände und legt sie über dem Brustbein zusammen, wie im Gebet gefaltet.
Man kann als Beispiel folgende Worte wählen:
„Höchste Schöpferkraft, aus tiefster Seele bitte ich dich um Rückholung aller verlorenen Seelenteile.
Bitte gib sie mir zurück und erfülle mein Inneres mit Deiner Liebe und Harmonie.
Bitte hilf mir, auch selbst jene Seelenteile zurückzugeben, die nicht zu mir gehören. Mögen diese in Liebe wieder ihren Platz finden.
Durchdringe mich mit Deiner heilenden Energie und lasse aus allen Schmerzen Liebe werden."
Dann kreuze man die Finger der Hände und atme wieder tief durch.
Dankbarkeit und Liebe sollten die Gefühlsebene durchdringen.
Mit einigen kräftigen Atemzügen kann man dann das Gebet/die Meditation beenden.

Eine weitere Möglichkeit, um im feinstofflichen Energiesystem die männlichen und weiblichen Anteile zu harmonisieren, ist die folgende Meditation:

Man lege sich bequem hin und treffe möglichst Vorsorge, um nicht gestört zu werden. Eine ruhige und angenehme Haltung wäre empfehlenswert.
Dann kreuze man die Arme über der Brust und lege die

Handflächen knapp unter die Schulter über das Ende der Achselfalte auf die kleinen Schulter-Chakras.
Diese Haltung vereint die weiblichen und männlichen Anteile. Die Entscheidung, welche Hand oben kreuzt und welche unten, sollte man ganz seinem Gefühl überlassen. Dies hängt von den jeweils männlich oder weiblich geprägten Anteilen ab und wird von der Intuition geregelt. Gleichzeitig werden wichtige Anteile im Gehirn und im Nacken harmonisiert, die sich ebenfalls dort kreuzen.
Dann bitte man liebevoll um die Harmonisierung der männlichen und weiblichen Anteile und bleibe einige Minuten ruhig liegen. Beide Arme werden nun ausgestreckt mit den Handflächen nach oben neben dem Körper abgelegt – und man verbleibe so wiederum für einige Minuten.
Man beende die Meditation nach ein paar Minuten wieder mit einigen tiefen Atemzügen und dem Gefühl von Dankbarkeit.

Ein ausgefalleneres Beispiel zeigt auf, welche Arten des sexuellen Miteinanders es geben kann. Ein Mann mittleren Alters war seit vielen Jahren verheiratet und liebte seine Frau sehr. Sie hatten einen Sohn und eine Tochter. Er verdiente gut, sie waren alle gesund, wohnten in einem schönen Haus und es gab kaum Probleme. Doch in dem Mann brannte eine Art von Feuer, welches seine Frau nicht zu stillen imstande war. Sie war sehr liebevoll und tat alles für ihren Mann und ihre Kinder. Es war ihm klar, dass er niemals seine Frau und die Kinder verlassen würde.

Dennoch verspürte er eine solch starke sexuelle Anziehungskraft, die ihn fast überwältigte und von einer Arbeitskollegin ausging, die ebenfalls verheiratet war und Kinder hatte. Der Mann geriet in eine solche körperliche Sehnsucht nach dieser Frau, dass er sich eine Verbindung immer wieder geistig vorstellte. Er legte sich auf das Sofa und spielte das Zusammensein mit dieser Frau in allen Einzelheiten durch. Er spürte ganz genau, dass es dieser Frau ebenso ging. Wenn sie aneinander vorbeigingen, sprühten nahezu die Funken in der Luft, doch außer mit ihren Blicken trafen sie sich nie.

Mit der Zeit hatte dieser Mann durch seine Wünsche eine Astralform geschaffen. Er projizierte in die Astralebene das Bild der begehrten Frau und stärkte es mit jeder Wiederholung. Als dieses Astralkleid eine bestimmte Intensität erreicht hatte, wurde dieses Bild tatsächlich von Leben erfüllt. Die Begierden und Energien der Frau übernahmen das Bild, und so schufen sie sich in der feinstofflichen Ebene eine Möglichkeit, sich im Astralkörper zu treffen und ihren starken Wunsch nach einer sexuellen Verbindung endlich auszuleben.

Dies zog sich über längere Zeit hin, bis die gegenseitige Begierde nachließ. Daraufhin wurden diese astralen Aufbauten jedoch von niederen astralen Wesen, die sich in zahllosen Gestalten in der Astralwelt aufhalten, in Beschlag genommen. Diese versuchten immer wieder, in die Aura des Mannes einzudringen, und er hatte große Probleme damit, die astralen Formen, die er selbst geschaffen hatte, wieder aufzulösen. Hinzu kam ein schlechtes Gewissen seiner Frau gegenüber.

Wobei sich natürlich die Frage stellt, ob er dieses Erlebnis nicht benötigt hatte, um innerlich etwas aufzulösen, und seine Frau auf diese Weise damit nicht belastet wurde.

Auf geistiger Ebene ist jedoch allen Seelen immer alles bewusst. Die Persönlichkeiten mögen in Unwissenheit gelassen werden, doch die Seelen wissen immer, was geschieht. Hier bleibt nichts verborgen.

Grundsätzlich gilt, dass die Persönlichkeitsanteile in einem nächsten Leben jene Erfahrungen machen müssen, die sie jetzt einem anderen Menschen zugefügt haben. Gleichgültig ob es sich um Zuneigung, um Verletzung oder um Lüge handelt – Gutes wie Schlechtes wird jedem Menschen so lange wiederbegegnen, bis er alle Wesensaspekte in die GÖTTLICHE LIEBE verwandelt hat.

Die geistige Führung wird kein Leid zulassen, wenn es nicht zuvor, meist in einer früheren Inkarnation, eine Situation gegeben hat, die als Ursache dafür wirkte. Somit dient das schmerzhafte Erleben als Ausgleich oder Erkenntnis, manchmal auch als Lernschritt, um das Verzeihen zu lernen.

Vor allem im Bereich der Beziehungen ist der Mensch besonders gefragt, einem anderen zu verzeihen. Oft muss der eine Schmerz auslösen, damit der andere erkennen kann, inwiefern er eigentlich nur ein inneres Verlangen oder ein egoistisches Bedürfnis befriedigen wollte, die beide nichts mit wirklicher Liebe zu tun hatten.

Niemand gehört einem anderen Menschen! Man sollte stets nur aus freien Stücken in einer Beziehung bleiben, denn jeder Zwang verstößt gegen das göttliche Liebesgebot.

Nur zwischen freien, selbstverantwortlichen Menschen kann wahre Liebe fließen und ein gemeinsames Wachstum erfolgen. Die Treue bezieht sich dann im eigentlichen Sinne auf die Umsetzung der göttlichen Ideale und hat nichts mehr mit Besitzansprüchen zu tun.

IX.
SCHEIDUNG UND HEIRAT

Wohl in keiner Zeitepoche war das Thema Scheidung so eng mit dem Thema Heirat verknüpft. In früheren Zeiten gab es kaum Scheidungen, dagegen werden heute laut Statistik zwei von drei Ehen geschieden. Wenn die Beziehungen nicht funktionierten, nahm man sich eine/n Geliebte/n, oft in beiderseitigem Einverständnis, und für die Gesellschaft wurde die Familienbeziehung aufrechterhalten. Das konnten sehr gute und freundschaftliche Beziehungen sein, je nachdem wie sich die Ehepartner untereinander geeinigt hatten.

Nicht selten wurden Beziehungen von den Eltern, häufig aus ökonomischen Erwägungen, herbeigeführt, und die beiden „Zwangspartner" konnten vielfach keine Liebesbeziehung oder gar ein erfülltes Sexualleben aufbauen. Doch nicht selten ergaben sich aus solchen Verbindungen Freundschaft und menschliche Nähe, und die körperlichen Bedürfnisse wurden „außer Haus" erfüllt. Selbst Kinder wuchsen innerhalb dieser Familienverbindungen heran, welchen Geborgenheit und Wärme geschenkt wurde.

Man konnte in früheren Zeiten nicht so viele Menschen kennen lernen, und innerhalb der damaligen gesellschaftlichen Normen war es für das sogenannte Ansehen wichtig, einen Ehepartner zu haben, der eine respektierte Stellung besaß und die Frau versorgen konnte. Die Auswahlkriterien für Ehen waren stark auf die Kriterien Versorgung, Ansehen, Besitzvermehrung und gesellschaftlicher Status ausgerichtet. Diese Motive wirken noch heute in sehr vielen Menschen nach und üben auf unbewusster Ebene weiterhin einen starken Einfluss aus. So glauben viele Menschen zwar, sie hätten selbst die freie Wahl ihres Partners getroffen, doch wirkten unbewusst die alten Strukturen von Versorgung, Ansehen und Status. Viele Menschen sind zwar frei zu wählen, aber nicht frei zu wollen.

Kaum ein Mensch ist frei von den Vorstellungen seiner Vorfahren, und auf der Gefühlsebene können diese noch immer großen Einfluss ausüben. So weiß man zwar, dass eine tiefe Liebe im Grunde nicht des Ja-Wortes von Kirche oder Staat bedarf, man fühlt sich aber trotzdem sicherer und angenommener, wenn die Beziehung mit einer Ehe besiegelt wird. Dies hat auch damit zu tun, dass die Menschen im gesellschaftlichen Umfeld gewohnheitsgemäß eine Ehe ebenfalls positiv mit ihren Gedanken und Gefühlen unterstützen. Auch wenn sich heute viele Menschen von alten Vorstellungen von der Ehe frei fühlen, wirken dennoch unbewusst sehr oft diese traditionellen Felder, welche die Vereinigung rechtlich oder kirchlich bestätigt wissen wollen. Sehr viele Menschen berichten, dass sie nach einer Eheschließung eine tiefere Nähe und Sicherheit gefühlt hätten.

Menschen, die aus Ehen von früheren Leben noch große Altlasten mit sich tragen, geraten nach einer Heirat allerdings mitunter in große Konflikte, da unerwartet die alten emotionalen Probleme an die Oberfläche gelangen. Dann fühlen sie sich unglücklich und berichten: „Seit ich verheiratet bin, geht es mir schlecht in der Beziehung."

Markus hatte nach einem längeren Prozess eingesehen, dass er seine langjährige Lebensgefährtin, mit der er sogar eine Tochter hatte, nur aus dem Grund nicht geheiratet hatte, weil er sie strafen wollte, indem er nicht vollkommen zu ihr stand. Zudem wollte er sich selbst vor der möglichen Demütigung einer Scheidung bewahren. Seine Partnerin war bereits verheiratet gewesen; und er war so eifersüchtig, dass er in gewisser Weise immer erwartete, sie würde sich auch von ihm wieder trennen. Sie war sehr lebenslustig und flirtete mitunter, was ihn stets sehr belastete. Aus früheren Leben trug er zusätzlich noch eine tiefe Verletzung mit sich, die mit Verlassensein zu tun hatte. Er hielt diesem emotionalen Druck nur dadurch stand, dass er sich innerlich sagte: „Ich habe alle Macht in meiner Hand. Ich bin ihr nicht ausgeliefert; denn ich heirate sie ja nicht." Dennoch spürte er tief in sich, dass er sich mit Aussagen wie: „Wer heiratet denn heute noch? Das ist doch Schnee von gestern!" selbst belog.

Die Menschen bringen zahlreiche alte Vorstellungen in die Ehe mit. Die Ehe als solche wird viel zu romantisch gesehen, und der wahre Sinn einer Ehe tritt daher völlig in den Hintergrund. Eine Ehe sollte der *Anfang* der menschlichen Entwicklung und Herzensbildung sein, nicht der *Gipfel*! Die nachstehenden Gedanken mögen eine Anregung sein, um über die Ehe zu meditieren.

- Die Ehe soll alle Bedürfnisse erfüllen, und es kann kurze Zeit das Gefühl entstehen, man wäre mit den eigenen Idealen verheiratet.
- Die Ehe soll den Menschen absolut glücklich machen.
- Der Partner soll sich so verhalten, wie man es auch als Verhaltensstruktur von seinen Eltern mitbekommen hat.
- Besonders bei Frauen gelten oft die Versorgung und das Ansehens des Mannes, Geborgenheit und Schutz als Grund für die Ehe.
- Bei Männern geht es nicht selten um die Eroberung und den Besitz einer gut aussehenden Frau, welche ihn wiederum versorgen soll.
- Manchmal wird der Ehe die Schuld für eigene Versäumnisse und eine fehlende innere Arbeit gegeben. Eine Trennung ist dann nur eine Flucht.
- Viele Menschen gehen Beziehungen ein, um im anderen sich selbst zu finden, vergessen aber ganz, dass sich jeder Mensch nur

selbst finden kann. Was für eine Verantwortung und Belastung wird auf den anderen Menschen übertragen? Die Lösung der Frage liegt immer in einem selbst.

- Vor allem Frauen bevorzugen es, wenn ihr Mann ihnen alle weltlichen Lasten abnimmt und alle Wünsche erfüllt. Sie möchten auf Händen getragen werden und auf Wolken schweben, geschützt und geborgen sein. Oft wirken hier uralte Muster, wonach eine Frau in einer Ehe beispielsweise vor Verschleppung und Vergewaltigung geschützt war.
- Männer wiederum erwarten oft ein ewig prickelndes Sexualleben, was aber vielen Frauen bald zuviel wird, weshalb sie sich mit allerhand Ausreden in die Arbeit flüchten.
- Ist die Beziehung nur eingegangen worden, um der Einsamkeit zu entfliehen?
- Die Sehnsucht nach Kindern kann in der Regel nur mit einem Partner erfüllt werden. Deshalb wählt man sich, meist unerfahren in jungen Jahren, den „Passenden" aus, ohne länger zu prüfen, ob dieser auch der richtige ist. Der Einfluss von Familie und Umfeld drängt nicht selten junge Menschen viel zu früh in eine feste Bindung. Die Jugendlichen möchten ihren aufgesetzten Vorgaben nachkommen und lassen sich sehr schnell auf eine Bindung ein, weil man das anscheinend von ihnen verlangt, denn es war ja schon seit ewigen Zeiten so. Das Feld „So hat es zu sein" ist ein sehr starkes.
- Manche Menschen möchten alle Probleme vom Partner abgenommen bekommen, um sich gut, geliebt und verstanden zu fühlen.
- Alle unerfüllten Bedürfnisse aus der Kindheit sollen in der Partnerschaft vom Gegenüber geheilt werden.
- Man erwartet nicht selten die Verschmelzung mit einem anderen Menschen, um sich ewig getragen und unterstützt zu fühlen. Doch wie lautet ein sehr schöner Ausspruch: „Zwei Zypressen nehmen sich nicht gegenseitig das Licht."
- Um nicht alleine zu sein und sich wenigstens ab und zu ein we-

nig geborgen zu fühlen, gehen manche Menschen Bindungen ein, die kaum Aussicht auf Erfolg haben.

- Es wird geheiratet, um in der Gesellschaft den Status zu haben: Schau, ich habe auch jemanden gefunden.
- Noch vor kurzem folgten viele Menschen einfach blind den Normen der Gesellschaft, ohne ihre eigenen Belange zu beachten. Glücklicherweise erlaubt sich die jetzige Generation eine intensivere Betrachtung der gesellschaftlichen Vorgaben.
- Oft wurde den Kindern vermittelt, sie hätten durch eine Ehe bereits ihren Lebensplan erfüllt. Somit wird den jungen Erwachsenen nicht das Aufgabenpotenzial einer Ehe erklärt, sondern ein illusionärer Endstatus, der in dieser Form nicht der Realität entspricht. Eine Ehe ist eine Aufgabe, die zwei Menschen tragen und leiten kann, doch erfordert sie auch großen Einsatz und viel Liebe.

Eine Ehe sollte nicht als Bedürfnis-Erfüllungs-Anstalt missbraucht werden. Eine Ehe, als tiefe Beziehung mit einem anderen Menschen, erfordert ein großes Maß an Bereitschaft, mit seinen eigenen Fehlern umzugehen. Ein Partner kann nicht alle Aufgaben übernehmen und dem Gegenüber das Bedürfnis nach ewigem Glück erfüllen. Eine Beziehung erfordert sehr viel gemeinsame Arbeit, großes Verständnis und die aufrichtige Bereitschaft, intensiv an sich selbst zu arbeiten. Eine liebevolle Ehe kann sehr viel geben und den Menschen auf seinem Weg unterstützen, doch ist sie auch von vielen Unwägbarkeiten gepflastert, die sich ganz natürlich aus den menschlichen Entwicklungsprozessen ergeben. Steht man zusammen und verharrt nicht unnachgiebig auf den eigenen Forderungen, kann tatsächlich der eine die Last des anderen mittragen, doch sollte dies niemals erwartet werden. Erwartungen schwächen die Aura und legen eine nicht sinnvolle Energieverbindung in das Feld des anderen, wodurch, auch unbewusst, eine ständige Einflussnahme erfolgen kann.

Ein amüsantes Beispiel ist der klassische Fall mit der Zahnpastatube.

Maria hatte von ihren Eltern erklärt bekommen, dass die Zahnpastatube immer restlos ausgedrückt werden müsste, damit nichts verschwendet würde. Man hatte daher die Tube langsam von unten aufzuwickeln und durfte sie nur von unten nach oben ausdrücken. Ihr Mann machte nun das genaue Gegenteil. Er drückte mitten in die Tube hinein, Hauptsache es kam etwas heraus; und erst am Schluss drückte er etwas nach oben. Das konnte Maria einfach nicht ertragen; denn sie wollte es ihrem Erziehungsprogramm recht machen und ordentlich sein. Ihr Mann sollte sich daher genauso verhalten. Am Anfang ihrer Ehe sah sie noch darüber hinweg, da sie nicht gleich mit ihm einen Konflikt haben wollte, doch mit der Zeit wurde der Druck immer stärker. Sie beschimpfte ihn, wie er denn nur die Tube so grässlich zerdrücken könnte und forderte von ihm die Erfüllung ihres eigenen Erziehungsmusters. Doch dagegen wehrte er sich, denn er fühlte, dass diese Kleinigkeit symptomatisch für viele andere Probleme innerhalb ihrer Beziehung stand.

Maria verlangte von ihrem Mann, sich vollständig nach ihren Vorstellungen zu richten und erwartete von ihm deren Erfüllung. Sie ließ ihm kaum Luft zum Atmen und übte täglich Druck auf sein Energiefeld aus, um das zu erreichen, was sie beziehungsweise das alte Erziehungsfeld sich vorstellte. Der Druck, den Menschen ausüben, kann als eines der größten Probleme betrachtet werden. Jeglicher Druck, den der Mensch als Energie aus seinem Inneren produziert, drückt zum einen sofort in das Energiefeld des anderen und stört dessen Schwingungen, zum anderen muss diese aufgebaute Energie immer wieder vom Absender zurückgenommen und aufgelöst werden. Das bedeutet, dass er mit der Zeit eine gewaltige Menge dieser manipulativen Energie wieder zurückbekommt, die ihm großen Stress verursachen und ein ruhiges, friedliches Leben unmöglich machen wird.

Man kann und sollte einem anderen Menschen grundsätzlich nicht seine eigene Lebensweise aufzwingen. Anders verhält es sich mit wirklichen Mängeln im Verhalten eines Menschen; hier ist es sinnvoll, den Partner auf diese Fehler hinzuweisen. Wenn dies nicht mit Druck geschieht, sondern aus echter Fürsorge, wird ein Hinweis in den meisten Fällen angenommen. Fühlt das Gegenüber jedoch etwas Zwanghaftes, sträubt sich sein Inneres auf natürliche Weise.

Hier war nun die Maria des Zahnpasta-Beispiels gefragt. Für sie war wichtig, sich bewusst zu machen, von welchen alten Prägungen sie beherrscht wurde. Die alten Felder ihrer Familie wollten sich über sie neu ausleben und nichts mit menschlicher Freiheit zu tun haben. Sie fühlte sich unglücklich, weil ihr Mann nicht tat, was sie forderte, doch sie vergaß, dass Liebe niemals leidet. Wenn „Liebe“ schmerzt, sind eigenwillige Anteile und Forderungen vorhanden, die den Menschen bedrängen und ihre Rechte einfordern. Dies kann sehr unangenehm sein, doch kann man diese Altlasten durch ihren Druck und ihren Schmerz erkennen. Deshalb ist es wichtig, sich selbst sorgfältig zu beobachten und den wahren Grund herauszufinden, warum man sich nicht gut fühlt oder unter Zwang und Stress steht.

Liebe lässt los und lässt den anderen gewähren. Ein in Liebe gegebener Hinweis für eine bessere Lebensführung oder ein Ratschlag, der den wirklichen Bedürfnissen eines Menschen entspricht, wird in den meisten Fällen angenommen. Auf innerer Ebene fühlen die Betreffenden, welche Energie ein Gespräch erfüllt und ob versteckte Forderungen darin erhoben werden.

So kann Maria, wenn sie den inneren Druck bewältigt, sich ganz einfach eine zweite Tube besorgen und ihren Mann mit seiner verfahren lassen, wie er es möchte. Er hat ein Recht darauf, und Maria weiß dies in ihrem Inneren. Sie kann dann mit der Zeit ihre inneren Forderungen ablegen und auch weiterhin ihre Tube nach bewährter Weise ausdrücken; doch nunmehr aus ihrer eigenen

Überzeugung und nicht, weil das alte Erziehungsfeld dies einfordert. Es ist wichtig, andere Menschen loszulassen. Nur so können die Energien in Beziehungen frei fließen, und alle Beteiligten können sich wirklich frei nebeneinander entfalten.

Zorn ebenso wie Erwartungshaltungen können eine starke Verbindung zu dem Menschen schaffen, auf den die Energien ausgerichtet sind. Hass kann eine solche Energieverbindung ebenso erzeugen wie Liebe. Erwartungen öffnen die Aura, da man ja etwas erwartet, und negative Energien können eindringen. Außerdem wird auf den anderen immer ein Druck ausgeübt, welchen dieser spürt und sich deshalb unwohl fühlt. Freiheit im Miteinander ist eine wichtige Basis für eine Beziehung, und an den Emotionen von Zorn und Erwartung sollte man unbedingt arbeiten und diese möglichst bald umwandeln.

Nun mag der Einwand auftauchen, dass Schwierigkeiten und Konflikte die gegenseitige Entwicklung fördern könnten. Dies ist nur sehr bedingt richtig, denn man darf nicht vergessen, dass ein Ausleben bindender Muster kein Weiterkommen ermöglicht, sondern immer nur das Nähren der alten Felder. Bevor man weitergehen kann, muss man zuerst immer seine „Hausaufgaben“ machen.

Die Konflikte innerhalb einer Beziehung werden von den geistigen Helfern dennoch genutzt. Würde sich ein Mensch vollständig von allen Beziehungen lossagen, könnte sehr schnell eine „geistige Vergreisung“ stattfinden. Der Mensch wäre abgeschnitten von Hinweisen seitens der Außenwelt, welche einen „wertvollen“ Erkenntnisspiegel bieten kann. Allerdings bedarf es des Annehmens der negativen Gefühle, damit die inneren Vorgänge erkannt und bearbeitet werden können.

Nicht selten fühlt sich ein Partner in den alltäglichen Pflichten einer Ehe schon bald vernachlässigt. Dies tritt vor allem dann auf, wenn sich das Paar keine Zeit mehr nimmt, um die Harmonie der Zweisamkeit zu genießen. Es ist wichtig, sich diesem Energiefeld zu widmen. Das gemeinsame Energiefeld verhärtet und erschwert es somit dem Paar, sich nahe zu sein und in Ruhe und liebevoller Zuwendung die Nähe zueinander zu fühlen. Dauert dieses Gefühl der Vernachlässigung an und kommen noch weitere Problemsituationen hinzu, in denen man sich unterlegen und ausgeliefert fühlt, entsteht nicht selten ein innerer Groll, der auch in Zorn oder Hass umschlagen kann. Dann kommt leicht die Tendenz auf, es dem anderen mit gleicher Münze heimzuzahlen. Der Eigenwille beginnt dann sehr schnell sein Programm abzuspulen, und es bilden sich astrale oder mentale Formen, die energetischen Druck auf die Aura des jeweiligen Partners auszuüben beginnen.

Es ist äußerst wichtig, miteinander zu sprechen. Man sollte dem Gegenüber unbedingt mitteilen, wenn man sich verletzt fühlt. Nutzt man die Gelegenheit nicht nur, um endlich angestaute Aggressionen auszuleben, sondern zeigt ernsthaft seine inneren Verletzungen, wird dies von den meisten Menschen gefühlt.

Wird man mit seinem Anliegen nicht gleich wahrgenommen, sollte man sich prüfen, ob dies nicht Teil des Problems ist. Hört man denn selber dem Partner zu, hat man ein Herz, ein Auge und ein Ohr für ihn?

Glaubt man nicht, nur man selbst müsse immer geben und geben, ohne sich auch einmal selbst etwas zu gönnen?

Es ist ein großer Irrtum zu glauben, man sei weit entwickelt und sozusagen ein „guter Mensch", wenn man nur viel gebe. Das Nehmen gehört ebenfalls zur geistigen Reife. Es muss auch hier ein Ausgleich erfolgen, sonst ist man innerlich nicht wirklich ausgewogen.

Nicht selten haben Menschen, die sich nichts gönnen, zumindest teilweise ein schlechtes Gewissen. Sie tragen in ihrem Inneren ein Gefühl, nichts wert zu sein oder irgendeinen Fehler gemacht zu haben, der es ihnen verbietet, auch einmal etwas anzunehmen. Diese Einstellung verursacht eine Blockade und lässt die feinstofflichen Energien nicht frei fließen. Es kann sogar zu schweren Krankheiten führen, wenn man sich nicht erlaubt, selbst Gutes zu empfangen.

Nicht selten nutzen Frauen die Verweigerung von Sex als Mittel, um ihre Vorstellungen durchzudrücken. Dies lässt sich natürlich auch nur für eine Weile so praktizieren, dann wird sich der Partner dieses Vorgehen nicht mehr gefallen lassen.

Alle Versuche, in einer Beziehung Macht auszuüben, beruhen meist auf einem Mangel an Kommunikationsfähigkeit. Auch das Nicht-Vergeben spielt bei der Absicht, den anderen zu dominieren, eine wichtige Rolle. Doch wer versucht zu dominieren? Versuchte Dominanz ist ein Zeichen großer Schwäche und eines Mangels an Selbstvertrauen. Wer zu dominieren versucht, vermag nicht offen zu sprechen, sondern setzt auf die falsche Karte der Macht.

In vielen Ehen herrschen permanent die Versuche, den anderen zu dominieren, um ihn zu unterdrücken und dadurch die Überlegenheit zu spüren, die angestrebt wird. Doch dies kann niemals das Streben wahrer Liebe sein. Werden andere Menschen herabgesetzt, hängt dies damit zusammen, dass man ihnen entweder Lebensenergie oder Macht abnehmen will. Vielleicht hat sich so großer Zorn über unerfüllte Erwartungen angestaut, dass man dem Gegenüber auch Leid zufügen möchte, damit es ebenso leidet wie man selbst. Auch dies kann natürlich nie der Weg zu wahrer Liebe sein.

Verspürt man in sich diese Neigungen, und man muss leider davon ausgehen, dass jeder Mensch in gewisser Weise damit zu tun hat, dann ist es sehr wichtig, damit vorrangig zu arbeiten. Auch hier spielt es nicht die entscheidende Rolle, dass solche Gefühle wahrgenommen oder ausgelebt werden, denn in einer wahren Beziehung kann man damit arbeiten. Es kommt allein darauf an, wie jemand diese Situation verlässt – nicht wie er in sie hineingeraten ist. Da nahezu jeder Mensch mit diesem Problem befasst ist, geht es auch darum, sich selbst und andere niemals dafür zu verurteilen.

Kommt es in einer Beziehung trotz langer und intensiver Bemühungen zu keiner Einigung, wird man vermutlich in die Situation geführt, sich voneinander zu trennen. Doch auch dies sollte niemals im Zorn oder mit Hass geschehen, sondern in dem Wissen, dass die Trennung vielleicht der richtige Weg ist, um die erforderlichen eigenen Entwicklungsschritte zu vollziehen.

Bei einer Scheidung kommt ein weiteres sehr einflussreiches Feld ins Spiel – das Feld der Kirchen. Bei den meisten kirchlichen Gruppierungen wird bei der Eheschließung geschworen, einander treu bis zum Tod zu sein. Wird nun auf der weltlichen Ebene die Verbindung durch eine gesetzliche Scheidung getrennt, ist die Ehe auf der Kirchenebene noch lange nicht beendet. Manche Kirchengesetze verbieten die Scheidung, und man ist damit auf einer bestimmten Ebene noch gebunden.

Daher ist es sehr empfehlenswert, zumindest für sich alleine ein Scheidungsritual zu vollziehen. Kann dies zusammen mit dem Ex-Partner geschehen, ist es noch besser. Man erschafft sich eine ähnliche Atmosphäre wie einst in der Kirche, in der man geheiratet hat. Indem man dann den Respekt voreinander ausdrückt, leitet man die Scheidung ein. Man bittet die Christus-Kraft, die Ehe-Energien wieder zu lösen, in dem Bewusstsein, dass eine Trennung Teil des geistigen Wachstumsprozesses sein kann. Man bedankt sich für die geistige Führung und Unterstützung und bittet nun die höheren Kräfte, diese Verbindung aufzulösen. Mit einer aufrichtigen Bitte aus dem Herzen wird dies geschehen, da die bindenden Strukturen hierdurch gelöst werden können.

Auch mit Schwüren, die man dem Partner vielleicht in liebevollen Stunden gegeben hat, kann so umgegangen werden. Hier kann man in stiller Meditation auf geistiger Ebene den Partner bitten, die alten Versprechen loszulassen und ihn selbst auch von allen alten Versprechungen entbinden. Indem man den Ex-Partner mit guten Wünschen und liebevollen Gefühlen seinen neuen Weg beginnen lässt, kann sehr viel geistige Befreiung stattfinden.

Bei einer Trennung sollte immer auch auf die gemeinsam aufgebaute Familienenergie geachtet werden sowie auf die Gedankenformen und emotionalen Gebilde. Diese können ebenfalls in einer liebevollen Zeremonie den höheren Kräften übergeben werden, mit der Bitte, die noch verbliebenen gemeinsamen Gebilde aufzulösen und die Energien neu auszurichten Dies bezieht sich auch auf Schutzwesen, welche die Familie oder die Beziehung behütet haben. Auch ihnen kann liebevoll für ihre Hilfe gedankt werden.

In einer Reihe von Fällen wird eine Ehe allerdings viel zu früh als gescheitert betrachtet, statt die Hinweise für eine mögliche gegenseitige Entwicklung richtig wahrzunehmen. Das ist im Grunde eine verpasste Gelegenheit, denn der Mensch wird in einer neuen Beziehung die gleichen Probleme antreffen. Es lohnt sich immer, für eine Beziehung einen erheblichen Einsatz zu erbringen, solange man sich nicht selbst verleugnen muss. Nicht selten kann ein Wochenende eine neue Sicht vermitteln, um den Partner wieder mit Respekt zu betrachten und sich seine eigenen Fehler bewusst zu machen.

Viele Kleinigkeiten werden nicht selten zu so großen Problembergen aufgetürmt, so dass der Mensch kaum mehr mit ihnen umzugehen vermag. Er fühlt sich völlig überfordert, und da man mit dem Partner täglich zusammen ist, werden viele negative Energien über ihn und mit ihm ausgetragen. So überlagern die Probleme die Beziehung, und man glaubt, die Beziehung stimme nicht mehr.

Doch mit einer Lösung der Probleme könnte der Beziehung noch einmal neues Leben eingehaucht werden.

Der Inhalt eines solchen Energie-Problemberges kann viele Bereiche betreffen:

- Man sorgt sich um das Gewicht, um das Aussehen oder um die Gesundheit.
- Man durchlebt wirtschaftliche Engpässe und kann vielleicht bestimmte Zahlungsziele nicht einhalten. Besonders nach Hausbauten türmen sich finanzielle Probleme auf. Die Anforderung der Energie eines Hauses muss erst verarbeitet werden.
- Die vielen alltäglichen Arbeiten in Haus und Garten, die man eigentlich gar nicht gerne macht, bedrücken den Menschen.
- Man hat keine Zeit zum Erholen und um die Dinge zu tun, die einem Spaß machen. Man hat das Gefühl, etwas zu verpassen, was zu großem emotionalen Druck führen kann.

Doch in vielen Fällen ist die Beziehung gar nicht schuld. Deshalb ist es wichtig, die alltäglichen Situationen des Lebens anzugehen. Nicht selten finden die Partner dadurch wieder zueinander, und es wird ihnen klar, dass sie aktiver mit dem Alltag umgehen und sich auch viel mehr Zeit für sich selbst einräumen müssen. Dann wird das Gefühl der eigenen Unzufriedenheit nicht auf den Partner übertragen.

Eine Lösung kann hier lauten:

- Aktiver Umgang mit den Problemen des Alltags.
- Die Annahme der eigenen negativen Gefühle und ihre Bearbeitung.
- Das Miteinander Reden – vielleicht einmal die Woche am runden Tisch.
- Kritik annehmen zu lernen und eigene Widerstände dagegen ergründen.
- Sich prüfen, ob man den anderen zu stark verändern möchte.

- Kümmert man sich vielleicht zu sehr um andere Angelegenheiten und verliert deshalb den Zugang zu seinen eigenen Problemen? Andere verändern zu wollen, löst stets großen Stress aus.
- Hat man sich aufhetzen lassen von einem Freund/einer Freundin, die selbst Probleme mit dem Partner hat und einen Mitstreiter sucht?
- Hat man sich von anderen in negative Gespräche über den Partner oder die Ehe hineinziehen lassen und lebt jetzt deren Negativität aus?
- Sich prüfen, ob man vielleicht mit sich selbst unzufrieden ist. Möchte man sich für die eigene Unzufriedenheit rächen?
- Der Mensch neigt dazu, aufgrund eines scheinbaren Fehlers alles schlecht zu bewerten. Es gilt daher, sich auch die guten Seiten des anderen bewusst zu machen.
- Manchmal glaubt man, man habe das Recht auf Groll. Dies kann jedoch nicht der Weg der Liebe sein.
- Man sollte sich prüfen, ob man nicht in dem alten Feld verhaftet ist: „Wenn du lieb bist, bin ich auch lieb zu dir. Wenn du nicht lieb bist, werde ich dich strafen."
- Nimmt man sich selbst zu wichtig? Sieht man noch, wie gut man es hat?
- Dem anderen zuhören und ihn annehmen.
- Auch einmal den anderen loben und ihm etwas Liebes sagen.
- Sich Zeit nehmen für zärtliche Stunden zu zweit.
- Bei der Begrüßung sich festhalten und dem anderen vermitteln, dass man sich freut, ihn/sie zu sehen.
- Zum Anhören und Annehmen des anderen gehört unbedingt, dass man auch selber seine Bedürfnisse kundtut, nicht als Forderung, sondern als wahres Bedürfnis.
- Vielleicht einmal alleine zu den Eltern oder zu alten Freunden fahren, um sich auf das Wiedersehen zu freuen.
- Sich um die eigene Gesundheit kümmern, um genügend Schlaf oder um das Training zur Gewichtsabnahme.
- Die persönlichen Bedürfnisse nicht vom Partner abhängig ma-

chen und auch nicht beleidigt sein, wenn dieser wiederum seinen Bedürfnissen nachgeht.
- Freiheit und Respekt lernen und ein liebevolles Aussprechen der Bedürfnisse.

Die besten energetischen Voraussetzungen hat man dann, wenn man die Freiheit, das eigene Loslassen und das Geben nicht damit aufrechnet, was man selbst zu erwarten hat. Wenn man nicht wirklich loslässt und voraussetzungslos gibt, wird man nicht wahrhaft empfangen. Unter Zwang lässt sich die Wahrheit wohl eine Weile verbergen, doch eine gute Zukunft kann man so nicht erbauen.

Immer wieder erlebt man, dass fremde Energien versuchen, Beziehungen auseinander zu bringen. Sie aktivieren auf energetischer Ebene den Menschen zu plötzlicher Unzufriedenheit und beeinflussen ihn so, mit seinem Partner zu streiten. Es wird dem Menschen vorgegaukelt, dass alle seine Probleme die Ursache im Gegenüber haben. Aggressivität und Zorn wallen auf und veranlassen einen Partner, den anderen genau an seinem wunden Punkt zu treffen, was diesen wiederum aktiviert, ebenfalls mit Ablehnung und Streit zu antworten. Nicht selten ist dies der Anfang für eine handfeste Beziehungskrise.

Die fremden Energien geben erst dann Ruhe, wenn sie soviel Zwietracht gesät haben, dass die beiden Partner keinen Weg mehr zueinander finden und manchmal eine Weile nicht mehr miteinander sprechen.

Sobald wieder Ruhe in die Gefühlswelt der beiden Streitenden eingekehrt ist, können sie sich mitunter gar nicht erklären, woran sich ein solcher Streit entfachen konnte. Dann ist es wichtig, nicht in falschem Stolz zu verharren, sondern mit dem Partner wieder eine Annäherung anzustreben. Ansonsten hätten die fremden Energien gewonnen und man selbst wäre zum Spielball fremder

Einflüsterungen geworden. Nicht selten sind es sehr zerstörerische Wesenheiten, die dem Menschen nichts Gutes gönnen oder gar die Energien von einem der beiden Partner für sich haben wollen.

Manchmal erlebt man auch, dass von den jeweiligen Arbeitsplätzen der Partner sehr viel fremde Energie mit nach Hause gebracht wird. Diese lieblose Energie fühlt sich dann wohl, wenn sie sich im Streit ausleben und die dunklen Emotionen auf die Menschen abladen kann. Vor allem die negativen Gedankenformen von Mobbing, Stellungsneid und Machtstreben, die sich im Arbeitsumfeld bilden, werden oft von dem geschwächten Menschen mit nach Hause gebracht. Deshalb ist es wichtig, erst einige Minuten alleine abzuschalten oder in liebevoller Zuwendung mit dem Partner zu sprechen, damit die Einflussnahme der fremden Energie verhindert werden kann. Energieübertragungen sind die Ursachen vieler Streitereien und haben schon so manche Beziehung auseinander gebracht.

In manchen Beziehungen wird sehr viel um bestimmte Positionen gestritten. Innerhalb der Streitsituation versuchen beide Parteien dann, ihren Standpunkt dem anderen aufzudrängen. Doch zu einem Streit gehören immer zwei Parteien. Das sollte man bei einer emotionalen Schuldzuweisung nicht vergessen. Werfen wir einen Blick auf das, was bei einem Streit energetisch geschieht!

Der scheinbare Gewinner hat nach einem Streit immer mehr Energie; denn beim sogenannten Verlierer bricht die Aura auf, und der Gewinner zieht die Energie ab. Der Verlierer muss seinen Energieverlust wieder aufladen; nicht selten wartet der Verlierer auf einen geeigneten Moment, um sich zu „rächen“.

Das zeigt, dass man sich bei einem Streit immer die Energie von einem anderen Menschen holt.

Die Liebe streitet nicht, und einer alleine kann schlecht streiten. Deshalb sollte man sich immer klar machen, dass man, wenn man selbst streitet, auch in sich noch Teile trägt, die vielleicht über Aggression oder Rechthaben-Wollen eingreifen möchten.

Hier sind Verständnis und Liebe gefragt; denn wenn der andere merkt, dass man ihn annimmt und ihm nicht den Eigenwillen aufzwingen möchte, findet er selber zur Erkenntnis, und es kann eine liebevolle Lösung gefunden werden. Viele Menschen reagieren erst dann aggressiv, wenn sie das Gefühl haben, nicht angenommen und geachtet zu werden. Dann ist diese Aggression ein Hilfeschrei der Persönlichkeit und sollte beachtet werden.

Wenn man zu heftigen Reaktionen neigt, kann man sich immer fragen, wie sich ein Mensch in vollkommener Liebe in diesem Augenblick verhalten würde? Beim Versuch, sich mit dieser Kraft zu verbinden, kann sich schon sehr viel negative Energie auflösen. Es ist sicher ratsam, sich zu prüfen, ob die eigenen Bedürfnisse, für die man vielleicht gerade kämpft, im Sinne der Liebe sind. Womit nicht gesagt ist, dass es nicht sehr wichtig ist, für sich einzustehen. Wenn man aber auf dem richtigen Weg ist, muss er nicht im Kampf beschritten werden oder im Streit. Der Mensch muss auch keine Verletzung, die ihm angetan wurde, unterdrücken. Er sollte sie jedoch nicht rächen wollen oder aggressiv reagieren, sondern in ehrlicher Offenheit darüber sprechen und die Konsequenzen ziehen, falls dies erforderlich ist. Die geistige Führung wird einen Menschen immer auf diesem Weg unterstützen.

Manche Ehen werden schon auf geistiger Ebene geschlossen, damit einer der Partner den anderen auf seinem Weg unterstützen kann. Dieser hat vielleicht viel Öffentlichkeitsarbeit zu leisten oder befasst sich mit schwierigen Themen des Lebens. Ohne den Halt und die Unterstützung genau dieses speziellen Menschen an seiner Seite wäre ihm dies nicht möglich. Dann steht zwar einer der Partner an der „Front“ und scheint der wichtigere Teil zu sein, doch ohne den Partner als Halt an der Seite wäre es ihm nicht möglich, seine Arbeit zu vollbringen. Dies sind sehr oft Beziehungen, die nicht getrennt werden sollten. Glücklicherweise fühlen die Partner zumeist die Hintergründe und werfen auch bei oft auftauchendem

Leid und Unglück in der Beziehung nicht das Handtuch und gehen eigene Wege. Im Inneren wird die Wahrheit erahnt, und man handelt danach.

Abgestorbene Partnerschaften können sich auflösen, wenn einer der beiden vielleicht endlich den Mut gefunden hat, sich aus den Bergen von Forderungen und Übertragungen zu lösen. Dadurch findet er wieder zu seiner eigenen Freiheit, und gleichzeitig wird meist auch dem Gegenüber die Möglichkeit zur Bewusstwerdung gegeben. Eine Trennung sollte nie eine Flucht sein oder das Ergebnis von innerer Rebellion, sondern stets eine in der Ruhe gefundene Lösung, die einem das Gefühl von Wahrheit vermittelt. Ist eine Trennung auch aus dem Geistigen angesagt, unterstützt nicht selten die geistige Welt beide Partner auf ihrem neuen Weg. Dann verläuft die Trennung einigermaßen geordnet, und das neue Leben sortiert sich bald wieder.

Immer sollte die Suche nach einer Entscheidung im eigenen Inneren erfolgen. Menschen können von außen Hinweise geben oder Anregungen, doch sollten die Entscheidungen immer in Harmonie mit dem eigenen Inneren erfolgen. Dann sind sie zumeist richtig und getragen von der geistigen Führung.

Hat man sich in jungen Jahren, zumeist ohne viele Vorbehalte, in eine neue Beziehung begeben, so stellt sich dies mit zunehmendem Alter ganz anders dar. Man wird viel kritischer, nimmt nicht mehr alles hin und schaut lieber einmal mehr hin, als einmal zu wenig. Sehr oft schützen sich die Menschen auch vor erneutem Schmerz, indem sie einen anderen Menschen nicht mehr so sehr an sich heran lassen. Es dauert mitunter eine gewisse Zeit, bis diese wieder bereit sind, ihr Herz zu öffnen. Doch auch hier kann Druck von außen nie die Lösung sein. Auch innerhalb einer neu eingegangenen Beziehung können noch sehr oft die tief sitzenden alten Strukturen von der früheren Beziehung auftauchen, dann werden bestimmte Aussagen oder Handlungen vorschnell in die Schublade der Erfahrungen getan, ohne genauer zu prüfen, ob diese wirklich so gemeint waren. Jetzt wäre es an der Zeit, sich nochmals die alten Schmerzen anzusehen, damit diese auch restlos aufgelöst werden können.

Nicht selten wird das ständige gedankliche Umkreisen von bestimmten Problemen innerhalb einer Beziehung zu einer wahren Falle. Dann wäre es wünschenswert, sich klar zu machen, dass Liebe nichts mit krampfhaften Machtspielen zu tun hat und alle Zuneigung abstirbt, wenn sie sich stets mit Problemen zu beschäftigen hat. Liebe lässt los. Liebe ist frei und fließt. Liebe kann nie gebunden oder gehalten werden; sie strömt aus sich selbst heraus in die Ewigkeit. Liebe verschenkt sich, wie sie selbst ein Geschenk ist. Man kann nicht lieben *wollen.*

Liebe macht nicht abhängig und fordert auch niemals eine Abhängigkeit. Tritt dies auf, sind innere Ängste, Sorgen und Bindungen der Anlass, die in den meisten Fällen bereits in diese Inkarnation mitgebracht wurden und einer Auflösung bedürfen. Nur wenn diese erfolgt, entsteht wahre Freiheit. Nicht die Vermeidung von Beziehungen ist der Schlüssel, sondern das Arbeiten mit der Abhängigkeit. Die Angst vor Abhängigkeit oder Bindung verbraucht enorme Mengen von Energie.

Manchmal kommt es vor, dass durch die Beendigung einer Ehe ein solch schrecklicher Schmerz eintritt, dass man glaubt, diesen nicht mehr ertragen zu können. Dieser Schmerz hat solche Ausmaße, dass er mit Worten nicht zu beschreiben ist. Dies hängt meist damit zusammen, dass in diesem Moment viele innere Teile glauben, auch von Gott nicht mehr geliebt zu werden. Im Inneren hat sich die Fürsorge in der Beziehung mit dem Glauben an die Fürsorge Gottes vermischt. Man hat dann die Nähe im Inneren der Beziehung auf die Nähe zu Gott übertragen. Zerbricht diese

Beziehung, glauben die inneren Bereiche, nun auch von Gott getrennt zu sein – was ein wirklich grausamer Schmerz ist. Vor allem als verlassener Partner glaubt man mitunter, nicht mehr überleben zu können.

Manchmal versuchen dann diese Teile, rasch von einem anderen Menschen diese Fürsorge zu erhalten, doch das ist natürlich auch nicht möglich. Zuerst muss der Mensch erkennen, dass er immer von Gott getragen und geliebt wird, egal ob, wie und mit wem er eine Beziehung in diesem Leben auf der weltlichen Ebene eingeht.

Auch wenn eine Ehe oftmals mit viel zu romantischen Vorstellungen eingegangen wird, kann sie in beidseitigem Wachstum und in der Bereitschaft, den tieferen Sinn des Lebens zu ergründen, eine große Kraftquelle darstellen. Dann hat sie nichts mit Besitzstreben und dem Einfordern von eigenen Bedürfnissen zu tun, sondern ist die gemeinsame Basis der jeweils persönlichen Arbeit an sich selbst. In der liebevollen Hinwendung zueinander können die lichten Seiten beider Partner erhöht werden, und eine Stärkung der Persönlichkeit tritt ein.

X.
PLATONISCHE BEZIEHUNGEN

Unter platonischer Beziehung verstehen wir eine Beziehung zwischen einem Mann und einer Frau, bei denen keinerlei Austausch an männlicher und weiblicher Energie über die Sexualkraft stattfindet. Es erfolgt keine energetische Verbindung im feinstofflichen Energiefeld, die eine körperliche Reaktion im Sinne der sexuellen Anziehung auslösen würde.

Natürlich ist das Leben eines Menschen voller Beziehungen zu anderen Menschen, in denen ebenfalls Sexualkraft keine Rolle spielt. Dies zeigt sich in der Familie, unter Freunden, mit Verwandten oder Arbeitskollegen. Bei jeder Begegnung mit einem anderen Menschen werden Energien in Form von Informationen auf der gedanklichen und emotionalen Ebene ausgetauscht. Es können hohe innere Werte ohne ein Wort vermittelt werden, genauso wie negative, hasserfüllte Emotionen bei einem Kontakt mit einem zornigen Menschen. Viele Menschen versuchen, sich zu schützen, jedoch gelingt dies nur in begrenztem Maße. Mit weißmagischen Praktiken, die trotzdem Magie bleiben, wird gedanklich ein Schutzwall aufzubauen versucht, der jedoch auch immer wieder abgetragen werden muss. Den wahren Schutz bieten immer nur die Liebe, das Gebet und die Arbeit an sich selbst, um möglichst viele innere Teilbereiche in die Liebe auszurichten, damit sie für die dunklen Energien keinen Resonanzboden mehr bieten können. Dann ist man wahrhaft frei, denn wer vollkommen in der Liebe schwingt, ist frei vom Gesetz von Ursache und Wirkung.

Dennoch kann sich der Mensch nie ganz den Energien der Umgebung entziehen. Wenn auf der anderen Seite der Erdkugel ein Erdbeben das Land erschüttert und vielen Menschen das Leben nimmt, wird dies auf einer feinstofflichen Ebene jeder einigermaßen feinfühlige Mensch in seinem eigenen Energiefeld miterleben. Es mag dem Menschen nicht direkt bewusst werden, doch die Berührung findet statt. Alle Lebewesen hängen zusammen und existieren in einer Planetenschwingung.

Vor allem innerhalb von Familien ist durch die energetischen Blutsbande ein Austausch der Energien besonders stark wahrzunehmen. Deshalb fühlen sich die Menschen nach Streitigkeiten innerhalb der Familie ganz besonders schlecht, da diese Konflikte gewaltige Energiemengen verschlingen.

In früheren Zeiten konnten noch die Großeltern von den Kindern am Abend die überschüssige Energie aufnehmen, was den Kindern beim Abschalten und den Großeltern für ihre Lebensenergie sehr gut tat. Der normale energetische Austausch zwischen Menschen findet ohne Unterbrechung statt.

Es gibt Menschen, die sich in diesem Leben als Freunde begegnen und sich sogleich sehr nahe sind. Waren sie in einem früheren Leben Geschwister oder standen in einer Eltern-Kind-Beziehung, ist in ihren Seelen das Tabu geschlechtlicher Annäherung so groß, dass es auch in diesem Leben zu keinerlei Austausch dieser Energie kommen wird. Selbst wenn sich beide Menschen als Mann und als Frau wiederbegegnen, werden sie zwar eine enge Bindung empfinden, jedoch rein platonischer Natur.

Auch die enge Freundschaft von zwei Männern oder zwei Frauen aus einem früheren Leben kann der Hintergrund sein, warum sich in diesem Leben, nun als Mann und als Frau verkörpert, keinerlei Annäherung auf der körperlichen Ebene ergibt.

Manchmal ist auf der Seelenebene die Entscheidung getroffen worden, dass zwei Menschen ihre weltlichen oder geistigen Aufgaben zwar gemeinsam erleben und erledigen sollen, jedoch außerhalb der Wirren und möglichen Trennungen von Beziehungen. Dann wird deren Aufgabe getrennt von den jeweiligen Beziehungsprozessen, die beide mit anderen Menschen erleben werden. Hier ist es sogar wichtig, dass die Betreffenden diese Trennung auch einhalten und sich an ihrer inneren Bindung erfreuen.

Es kommt auch vor, dass bestimmte Seelen, die bereits seit langem den Inkarnationsweg zusammen beschreiten, wieder gemeinsam verkörpert sind. Meist haben sie sich bestimmte Aufgaben vorgenommen, denen sie sich geistig verschrieben haben. Ihre innere Bindung hat eine solche Tiefe erreicht, dass die Stufe der körperlichen Vereinigung ausgeklammert und übersprungen wird. Es ist durch energetische Vorgaben gar nicht möglich, dass sich zwischen den beiden eine sexuelle Spannung aufbaut. Dies würde die gemeinsame Aufgabe behindern und ist somit von den Seelen nicht gewünscht.

Jeder Mensch wird diese Hintergründe in seinem Inneren selbst wahrnehmen. Man sollte sich jedoch bewusst sein, dass manchmal der Körper einfach aus seinem Elementarbewusstsein heraus reagiert, ohne dass man im ersten Moment willentlich etwas dagegen unternehmen kann. Dann wird der Körper mit seinem Bedürfnis reagieren und eine Reaktion auslösen, die fast ausschließlich im eigenen Inneren begründet liegt.

Am Ende des Inkarnationsweges, beim letzten Ablegen des Körpers und aller damit verbundenen Energieströme, steht die vollkommene Einheit der männlichen und weiblichen Aspekte innerhalb der eigenen Seele. Die Liebe wird sich auf alles Sein ausdehnen können. Es wird eine innere Verbindung zu allen Seelen gefühlt, und die Öffnung des inneren Liebesstromes wird sich über das Erleben der Liebe innerhalb irdischer Beziehungen auf die nächsthöhere Lebensstufe im Geistigen ausdehnen können. Die Begrenzungen von Partner, Familie, Land, Volk, Kontinent und Planet wird es nicht mehr geben. Das Leben schwingt sich empor zu einer neuen Einheitserfahrung, auf der neue, ungeahnte Lebensabenteuer warten.

XI.
NEUE WEGE IN BEZIEHUNGEN

In der Entwicklung der Erde scheint die Zeit heranzureifen, in der die Bewusstseinssperre, die den Menschen auferlegt wurde, wieder aufgehoben wird. Die lichtvollen Schwingungen werden sich stark erhöhen, und das Negative verliert auf dieser Erde die Möglichkeit, sich auszuleben. Der Mensch ist deshalb zwar noch lange nicht vollkommen, doch wird die Entwicklung in spirituelleren Bahnen verlaufen. Die Menschheit wird eine innigere Nähe zum Göttlichen spüren. Hinzu kommt eine größere Öffnung für eine hellsichtige Wahrnehmung, und Botschaften aus der geistigen Welt werden für alle Menschen erreichbar sein.

Beziehungen werden dann nicht mehr aus persönlichen Bedürfnissen eingegangen, sondern als Erfüllung und im Bewusstsein des gemeinsamen geistigen Fortschritts. In dieser Form des Zusammenlebens kann die Mannigfaltigkeit des Menschseins im anderen erfahren werden, ebenso wie eine Erfahrung des Göttlichen durch den anderen möglich ist. Die sich verschenkende Liebe, die niemals in Besitz oder Forderung eingebunden sein kann, wird frei fließen. So kann die Begegnung mit dem Du auf der menschlichen Ebene zu einer Begegnung mit dem Göttlichen Du werden.

Der Zeitpunkt ist nicht mehr fern – in den individuellen Beziehungen ebenso wie in den globalen Ereignissen. Der jetzige letzte Schritt vor der großen Veränderung ist anstrengend, und auch innerhalb von Beziehungen werden noch sehr viele alte karmische Strukturen zur Umwandlung gebracht.

Die nachstehenden Gedanken und Betrachtungsweisen können vielleicht in diesem Prozess der Klärung helfen, ein wenig mehr Verständnis in eine Beziehung bringen. So mag wieder ein Gefühl von Respekt und Liebe heranreifen:

- In jeder Beziehung sollte man sich eine Zeit des Besinnens nehmen – für sich selbst und für die/den andere/n. Vielleicht setzt man sich einmal pro Woche an einen „runden Tisch".
- Man könnte gemeinsam über die vorhandenen Gefühle sprechen. Es ist sehr wichtig, gemeinsam in die Gefühle hineinzugehen und sie zu empfinden, nur dann ist wahre Heilung möglich. Auch auf eine Verurteilung des anderen sollte verzichtet werden, auch wenn er/sie vielleicht schmerzhafte Empfindungen ausgelöst hat.
- Wichtig ist das Annehmen des anderen, um ihm eine Zeit ungestörten Sprechens zu ermöglichen. Genauso sollte man auch selbst sprechen können.
- Absolute Ehrlichkeit und Offenheit sind wichtig, gerade für das Mitteilen der wahren Bedürfnisse.
- Die Bereitschaft, offen über Probleme zu sprechen, verhindert das Ansammeln von innerem Groll. Dieser wird sich andernfalls in einer unbewussten Form ausleben, nicht selten als Krankheit.
- Tauchen Hemmungen dabei auf, das auszusprechen, was einen innerlich bewegt, können im Gebet die geistige Welt oder die feinstofflichen Helfer um Hilfe gebeten werden.
- Jeder sollte sich prüfen, ob er sich nicht in Forderungen verstrickt hat. Diese sind wie explosive Ladungen, die in den ungünstigsten Momenten hochgehen können.
- Es bedarf immer einer Zeit für die Liebe und zwischenmenschlicher Nähe, der Zuwendung und gemeinsam gefühlten Zärtlichkeit. Das kann ein Streicheln sein oder ein liebevoller Blick. Sie vermitteln dem anderen das Gefühl, für ihn da zu sein.
- Eine Beziehung blüht wieder auf, wenn die Bereitschaft zur

Vergebung da ist. Man kann sich dabei bewusst machen, dass man vermutlich auch selbst Anlass zum Verzeihen gegeben hat. Man glaubt sehr schnell, irgendwie das Recht zu haben, den anderen zu kritisieren und etwas von ihm zu fordern und vergisst dabei ganz, dass man selbst vermutlich ebenfalls ein schwieriger Partner ist. Es ist hierbei wichtig zu verstehen, dass man nicht selber vergeben kann. Man kann verzeihen und vielleicht in letzter Konsequenz vergessen – doch *vergeben geschieht.* Es geschieht durch eine Kraft, die durch uns hindurch fließt. Deshalb kann man Geschehnisse der Vergebung anvertrauen und die höheren Kräfte bitten, sie zur Auflösung zu bringen.

- Echte Gemeinsamkeit und Bindung löst eine falsch verstandene Abhängigkeit auf. Loslassen und wahre Gemeinsamkeit im freien Fluss der Liebe sind das Ziel des geistigen Weges. Alte, bindende Muster der Vergangenheit können verarbeitet werden, damit sich in einer freien Verbindung jeder Beteiligte frei entwickeln und entfalten kann, mitgetragen von der Liebe des Gegenübers.
- Eine wichtige Frage wäre, ob man noch Angst in sich trägt und deshalb versucht, den Partner zu dominieren? Nicht der Partner kann die innere Kraft geben, sondern das Göttliche Selbst.
- Man sollte möglichst ein Sich-Aufopfern nicht mit liebevollem Geben verwechseln. Sich aufzuopfern, ohne auch an das Göttliche in sich selbst zu denken, bedeutet, sich selbst nicht wert zu schätzen. Man achtet somit das Göttliche in sich selbst nicht.
- Wo sich Schmerz zeigt, weist er darauf hin, dass es etwas zu klären gilt. Liebe kennt keinen Schmerz. Nur Persönlichkeitsbereiche, die fordern oder in bestimmten Vorstellungen verhaftet sind, schmerzen, wenn sie nicht ihre Ziele durchsetzen können.
- Es wirkt erhellend, sich zu prüfen, wie stark oder wie schnell man eine Verteidigungsposition einnimmt. Wahrheit bedarf keiner Verteidigung, nur das Ego bewaffnet sich, wenn es versucht, seine Ziele zu verteidigen. Achtet man nicht auf diese Bestrebungen,

fordern sie sehr viel Energie ein. Selbstsicher und frei wird der Mensch erst dann, wenn sein Handeln von der Intuition gelenkt wird und nicht mehr von inneren Forderungen.

- Ist das notwendige Vertrauen für den Partner vorhanden?
- Ist der Mensch nicht mehr in der Lage, Freude zu fühlen, verharrt er meist in Verurteilungen oder innerem Groll. Dann ist es wichtig, das Innere zu überprüfen, ob man noch nach seinen eigenen Bedürfnissen lebt. Möchte man ins Schwimmbad gehen oder ins Kino? Möchte man einmal alleine sein, wagt es aber nicht, dem anderen dies mitzuteilen, weil man befürchtet, er wäre dann verletzt? Irgendwann entladen sich alle angestauten, nicht ausgelebten Bedürfnisse. Sie sind also nur hinausgeschoben, aber nicht verarbeitet. Eine ehrliche Aussprache und das Mitteilen der echten Bedürfnisse sind sehr wichtig. Hat der Partner Probleme damit, ist es vielleicht Zeit für ihn, an sich zu arbeiten.
- Ist man noch bereit, dem anderen zuzuhören, wenn man selbst kritisiert wird; und ist man dann bereit, die Kritik zu bearbeiten? Nur die Bereitschaft, an sich selbst zu arbeiten, bringt den Menschen wirklich weiter. Ist er von sich vollkommen überzeugt, ist dies ein großer Rückschritt. Eine Beziehung, die nicht mehr offen ist für das unerwartet Neue im anderen, ist meist verloren.
- Auch der Körper benötigt in den Wirren dieser Zeit den notwendigen Raum, um sich seiner Empfindsamkeit bewusst zu werden. Gibt man sich innerhalb der Partnerschaft genügend Raum für Zärtlichkeit und Gemeinsamkeit?
- Fühlt man in sich noch den Respekt für den Partner? Spürt man Sympathie für ihn und erfreut sich an ihm?
- Man könnte sich ganz bewusst hinsetzen, um die guten Seiten in einer Beziehung zu betrachten. So schnell vergisst man wegen ein paar Kleinigkeiten, dass man doch in einer wunderbaren Beziehung lebt. Es ist ratsam, auf das Schöne in einer Beziehung zu schauen, nicht nur auf ihre Schwierigkeiten.
- Erwartet man für sich selber immer Zuwendung und Achtsamkeit

und ist dabei selber gar nicht mehr in der Lage, dem Gegenüber zuzuhören oder sich ihm liebevoll zuzuwenden?
- Hört man wirklich auf sein Herz und handelt danach?

Beziehungen ermöglichen es dem Menschen, in einer wunderbaren Art und Weise sich selbst und das Göttliche im anderen zu erfahren. Sie öffnen die Pforte zum Erleben tiefster Gefühle. Auch wenn sie manchmal schwierig erscheinen, so liegt diese Schwierigkeit doch im Menschen selbst und kann auch nur dort bereinigt werden. Das Äußere ist stets nur der Spiegel. Hat ein Mensch in seinem Inneren bereits sehr viel zur Umwandlung gebracht, werden ihn in der Außenwelt nicht mehr so schmerzhafte Konflikte erreichen, es sei denn, er hat eine Aufgabe für ein größeres Ganzes übernommen. Dann wird er aufgrund seiner Seelenstärke weiter an bestimmten Feldern arbeiten, solange es die geistige Führung von ihm verlangt.

Jeder Mensch darf sich sicher sein, dass er von der geistigen Führung und seiner göttlichen Seele voller Liebe geführt und geleitet wird. Die Liebe Gottes unterstützt jeden Menschen in seinem Wirken. Der Mensch *darf* glücklich sein. Glücklichsein ist seine wahre innere Bestimmung, damit sein Glück das Umfeld anderer Menschen berührt. Wenn Liebe ihn trägt, vermag er auch andere Wesen mit seiner Liebe zu erhöhen. Die Liebe ist das alleinige Heilmittel für das Leid der Welt.

Mögen alle Menschen diese Liebe in ihrem Inneren erfühlen und fließen lassen.

XII.
NACHGEDANKEN

Das ganze Spektrum menschlicher Beziehungen ist nicht darstellbar. Es gibt so viele Facetten der Liebe wie es Menschen gibt. In jeder wahren Beziehung offenbart sich ein funkelndes Licht jener größeren, göttlichen Liebe, das sich nur durch diese beiden Menschen zeigen kann. Es berührt und verwandelt die Beteiligten, aber es wirkt darüber hinaus auch auf andere Menschen, auf alles Leben an sich.

„Wo Liebe ist, kann Leid nicht sein", hat Krishnamurti in seiner wundervollen Klarheit gesagt. Im tiefen Verstehen dieses Satzes liegt ein großer Schlüssel zum Geheimnis von Beziehungen. Wer von wirklicher, tiefer, göttlicher, nichts mehr verlangender und nur noch sich verschenkender Liebe erfüllt ist, kann keinen Schmerz mehr empfinden. Zumindest nicht mehr auf der persönlichen Ebene. Er mag am Leid der Welt mittragen und ihren Schmerz empfinden, so wie es alle großen Gottesboten in ihren Missionen taten, aber er wird nicht mehr darunter leiden, nicht geliebt zu werden. Er wird nicht mehr erwarten, dass der oder die andere sich so und nicht anders verhält. Er wird nicht mehr darunter leiden, wenn er oder sie die Liebe aus dem Herz-Chakra noch anderen Menschen schenkt.

Man kann über Beziehungen vielleicht genauso wenig abschließend schreiben wie über das menschliche Bewusstsein allgemein. Alles ist in Bewegung. Alles Leben wächst, und das menschliche Bewusstsein erschließt sich ständig neue Dimensionen des

Göttlichen. Oder vielleicht sollte man besser formulieren, das Göttliche offenbart sich dem ihm entgegenstrebenden Bewusstsein in immer neuer, vollkommenerer Schönheit.

Das Feld zwischenmenschlicher Beziehungen bleibt beim globalen Wandlungsprozess nicht ausgeschlossen. Auch hier wird es eine neue Form von Nähe, Tiefe und auch Sexualität geben, die ohne Ego und ohne Besitzansprüche auskommt. Eine Liebe, die sich schenkt, weil sie selbst geschenkt wurde. Der Mensch kann hassen wollen, aber er kann nicht lieben wollen. Liebe ist die einzige menschliche Eigenschaft, die der Einzelne nicht aus sich heraus erschaffen kann. Sie bleibt immer ein Geschenk. Sie bleibt immer ein Geheimnis.

Wenn sich in naher Zukunft die Pforten zu den inneren Welten weiter öffnen, als dies bisher der Fall war, wird auch in alle Formen des alltäglichen menschlichen Lebens ein neues Licht fallen. So wie es das gesamte Erdenbewusstsein transformieren wird, also die Verwandlung des Makrokosmos, wird es auch die Zellen transformieren, die Verwandlung des Mikrokosmos. Dieser dramatische Umwandlungsprozess des Lebens auf der Erde wird den Bereich der Beziehungen nicht unberührt lassen. Wenn eine größere Liebe und ein strahlenderes göttliches Licht alles Leben umfangen wird, wird auch das Zusammenleben in Beziehungen in eine neue Dimension eintreten. Wie anders könnte diese aussehen, als erfüllt mit größerer Freiheit, reinerer Zuneigung und sich verströmender Liebe. Leid wird nicht mehr sein, weil es von der LIEBE verwandelt wird. Vielleicht wird man dann nicht einmal mehr von Beziehung sprechen, sondern von All-Bezogenheit. In jeder wahren Liebe wird dann eine funkelnde Facette des unendlichen Juwels der allumfassenden GÖTTLICHEN LIEBE hervorleuchten.

Die Aura im täglichen Leben Bd. 1

Pbk., 170 Seiten, ISBN 3-89427-250-3

Manuela Oetinger zeigt in ihren „Aura-Studien" auf, wie feinstoffliche Felder oder Gedankenkräfte jeden Augenblick des Alltags bestimmen. Der Mensch ist zu jeder Zeit Bürger zweier Welten – der materiellen und der feinstofflichen.
Im ersten Band der „Aura-Betrachtungen im Alltag" konzentriert sich Manuela Oetinger auf die Erkenntnis des Lebensplanes, die von entscheidender Bedeutung für eine sinnvolle Gestaltung des eigenen Lebensweges ist. Weiterhin analysiert sie anhand zahlreicher Beispiele, auf welche Weise das menschliche Denken und Reden das tägliche Leben prägen. Dabei spannt sie den Bogen von der Meditation bis hin zum üblichen Büro-Tratsch. Es wird deutlich, dass Gedanken Energiequellen und Worte Waffen sein können.
Neben den innerseelischen Bereichen richtet sie ihr Augenmerk auch auf die täglichen Lebensgewohnheiten und schildert die feinstofflichen Wirkungen des Rauchens ebenso wie den Einfluss unserer Nahrungsmittel auf das körperliche und seelische Wohlbefinden.

Die Aura im täglichen Leben Bd. 2
Wie Gedankenformen und Energiefelder den Alltag bestimmen

Pbk., 174 Seiten, ISBN 3-89427-266-X

Im zweiten Band ihrer „Aura-Betrachtungen im Alltag" konzentriert sich Manuela Oetinger auf das Verständnis von Freiheit und Schicksal sowie auf die tieferen, auch karmischen Aspekte von Liebe und Leid. Sie analysiert die eigentlichen Ursachen von Krankheiten, mit einem speziellen Blick auf die Hintergründe von Depressionen.
Weiterhin behandelt sie das Phänomen der Erdstrahlen, die Wirkung von Alkohol sowie den Umgang mit Einsamkeit auf der Suche nach Gott. Sie schildert die feinstofflichen Bindungen in den Beziehungen von Mensch und Tier und schenkt dem Leser dadurch ein vertieftes Verständnis der inneren Einheit allen Lebens. Im Kapitel der „Judas-Rolle" befasst sich die Autorin damit, in wie vielen Situationen des alltäglichen Lebens eine „Judas-Figur" auftritt und durch ihr Wirken einen entscheidenden Einfluss auf alles Geschehen nimmt.

Energiefelder erkennen und verstehen

Die Aura

Die Energiefelder des Menschen

Pbk., 190 Seiten, ISBN 3-89427-173-6

Von Kindheit an mit außergewöhnlichen geistigen Fähigkeiten begabt, vermochte es Manuela Oetinger, den Menschen auch als feinstoffliches Wesen zu studieren. Sie lernte, die höheren Wesensglieder und die seelische Wirklichkeit der irdischen Persönlichkeit zu erschauen und so die wahren Hintergründe der Inkarnation auf Erden zu erkennen. Der Mensch lebt in verschiedenen Ebenen und empfängt ebenso aus diesen Sphären wie er selbst auch Gedankenkräfte und Gefühlsimpulse in diese Bereiche ausstrahlt. Die Aura des Menschen wird somit zum Brennpunkt eines kosmischen Feldes, in dem der Einzelne in gewissem Ausmaße alles beeinflusst, aber selbst auch von allem beeinflusst wird. Um hier hilfreiche Ratschläge über das Verhalten im täglichen Leben zu vermitteln, verfasste Manuela Oetinger ihr wegweisendes Buch.

Die Aura – Das Tor zur Seele

Pbk., 220 Seiten, ISBN 3-89427-229-5

Manuela Oetinger zeigt in ihrer faszinierenden Studie in allen Einzelheiten auf, wie das Fühlen und Denken des Menschen Kräfte und Energien freisetzt, die wieder auf ihn zurückwirken – nach kurzer Zeit oder möglicherweise erst nach mehreren Erdenleben. Diese geistigen Felder finden mit unfassbarer Präzision zu ihren Erzeugern zurück und müssen von diesen bearbeitet und letztlich erlöst werden. So wie der Mensch Begabungen und Talente erworben hat, muss er sich auch mit seinen Schwächen, Süchten und schlechten Neigungen auseinandersetzen. Anhand zahlreicher Fallbeispiele zeigt Manuela Oetinger auf, welche Gesetzmäßigkeiten auf den feinstofflichen Ebenen wirken und wie damit umzugehen ist.

Karma und Freiheit
Sinnvoll leben zwischen schicksalhafter Notwendigkeit und freier Selbstbestimmung

Pbk., 150 Seiten, ISBN 3-89427-260-0

Jeder geistig Suchende stellt sich irgendwann in seinem Leben die Frage, ob bestimmte Lebenssituationen „sein Schicksal" waren oder ob er sie selbst, aus freier Entscheidung, herbeigeführt hat. Auf welche Weise stehen Karma und Freiheit miteinander in Beziehung? Manuela Oetinger analysiert zahlreiche Lebenssituationen und zeigt auf, inwieweit jeweils karmische Voraussetzungen wirksam waren und inwieweit der Einzelne aus wirklich freier Entscheidung handeln konnte. Dabei wird deutlich, dass zwischen der menschlichen Willensfreiheit der Persönlichkeit und der seelischen Freiheit der eigentlichen geistigen Individualität unterschieden werden muss. So zeigt sich in dieser wegweisenden Veröffentlichung, dass Karma und Freiheit, von einer tieferen Dimension aus betrachtet, ein völlig neues Verstehen erfordert.